VOLLTREFFER INS Porzellan

LUCKY MINDS VERLAG

Das FUßBALL-KLOBUCH

Simon Westberger ist ein Pseudonym der Solumea LLC.

Solumea LLC
3833 Powerline Rd, Suite 201
Fort Lauderdale
33309 Florida
Kontakt: solumea-llc@outlook.de

Covergestaltung, Satz und Illustrationen: Jonas Jansen
ISBN: 978-1-972027-00-4
Herausgeber: Lucky Minds Verlag – 1. Auflage

> Dieses Buch dient ausschließlich der Unterhaltung. Trotz sorgfältiger Recherche übernimmt die Solumea LLC keine Gewähr für die Richtigkeit, Vollständigkeit oder Aktualität der Inhalte.
>
> Aus Gründen der besseren Lesbarkeit wird in diesem Buch auf geschlechterspezifische Differenzierungen verzichtet. Alle Personenbezeichnungen gelten gleichermaßen für alle Geschlechter.

Inhalt

Anpfiff auf dem stillen Örtchen

Fußball gilt als der beliebteste Sport der Welt. Milliarden Menschen verfolgen Spiele, Turniere und dramatische Entscheidungen. Doch was haben alle Fußballfans jenseits des Sports gemeinsam? Richtig, Stuhlgang.

Und damit herzlich willkommen auf dem Klo, dem einzigen Ort, an dem man ernsthaft dafür plädieren könnte, dass es etwas Gutes ist, wenn man so richtig reingeschissen hat.

Genau hier bist du richtig. Denn das Fußball-Klobuch ist kein trockenes Nachschlagewerk. Dich erwartet eine unterhaltsame Reise durch die verrückte Welt des Fußballs. Von Wortwitz bis Flachwitz, von skurrilen Anekdoten bis zu Momenten, in denen auf dem Platz plötzlich alles aus dem Ruder läuft.

Wenn du wissen möchtest, warum beim Spiel der Nationalelf plötzlich Zuschauer von der Tribüne eingewechselt wurden, wie Partien mit 149 Toren enden konnten oder was es mit fliegenden Kokosnüssen, Hamburgern und Katzen auf sich hat, dann hält dieses Buch einige der verrücktesten Fußballmomente für dich bereit.

Darüber hinaus warten außergewöhnliche Fußballplätze auf dich, echte Bucketlist-Ziele für jeden Fan. Dazu kommen ungewöhnliche Vereinbarungen aus dem Profisport, von der Partyklausel bis zum Beißverbot.

Und damit der Kopf nicht nur beim Kopfball gefordert wird,

stehen auch Rätsel und Quiz auf dem Spielplan. Ideal zum Rätselknacken beim Kacken und zum gepflegten Klugscheißen. Für Gesprächsstoff und den ein oder anderen Lacher ist also gesorgt.

Dafür empfiehlt sich übrigens ein Stift. Da es ein Klobuch ist, mag es durchaus sein, dass du bereits einen Stift dabeihast. Dennoch ist es ratsam, zum Malen und Ausfüllen lieber auf einen konventionellen Bleistift oder Kugelschreiber zurückzugreifen. Neben einem geeigneten Schreibutensil brauchst du nichts weiter als ein bisschen Selbstironie.

Das Beste daran ist, dass es keinen Druck gibt, dieses Buch in einer bestimmten Reihenfolge zu lesen. Der einzige Druck, der hier herrscht, ist der, der dich überhaupt erst hierhergebracht hat. Blättere, springe, stöbere, ganz wie du magst.

Weil Fußball ohne Mannschaft schlicht nicht funktioniert, wartet am Ende dieses Buches noch ein kleines Gästebuch für deine Stammelf auf dich. Lass deine Freunde dort ihre Namen, Sprüche und sonstigen geistigen Ergüsse verewigen.

Also mach es dir bequem, lehn dich zurück und genieße die stille Zeit auf dem Thron. Nimm dir ein paar Minuten, die nur dir gehören.

Bevor wir gemeinsam in die Tiefen des Fußballwahnsinns eintauchen, kümmern wir uns kurz um die Grundlagen. Denn Verständnis ist die Basis jeder guten Partie. Klären wir also zunächst die zwei wichtigsten Begriffe dieses Buches: „Toilette“

und „Fußball". Denn ohne Fußball wäre das Leben ganz schön langweilig und ohne Toilette schlicht beschissen. Zumindest, was die eigenen vier Wände angeht.

Also Anpfiff für die Grundlagen. Auf der nächsten Doppelseite treffen wir zuerst die Toilette, danach den Fußball.

Toilette

[toˈlɛtə] *Substantiv*

Ein multifunktionaler Ort, der in unregelmäßigen Abständen als Sitzungsraum zur Abwicklung wichtiger Geschäfte aller Art dient. Er fungiert ebenso als heimlicher Rückzugsort bei der Arbeit, als Austragungsort kurzfristig einberufener Krisensitzungen und als stiller Ideengeber für so manche geniale Eingebung.

Synonyme: Stilles Örtchen, Pott, Thron, WC, Scheißhaus

Fußball

[ˈfuːsbal] *Substantiv*

Fußball ist mehr als nur ein Spiel. Er bringt Menschen aus aller Welt zusammen, überwindet kulturelle Grenzen und verbindet Generationen durch eine gemeinsame Leidenschaft. Die Leidenschaft, 22 Spielern dabei zuzuschauen, wie sie 90 Minuten lang einem Ball hinterherrennen.

Synonyme: Faszinierender Teamsport

1

Fußballhumor

Fußball ist ein ernster Sport aber genau deshalb liefert er die besten Witze.

Fußball-Flachwitze

Warum dürfen Kühe nicht ins Stadion?

Weil sie die Mannschaft die ganze Zeit ausmuhen.

Welche Fußballmannschaft lernt gerade erst lesen?

ABCDE FC.

Was ist der brutalste Sport der Welt?

Fußball, da wird geköpft und geschossen.

Warum konnten die Fußballspieler keine Karten spielen?

Weil sie Angst vor den Roten hatten.

Warum will der Hund kein Fußball spielen?

Weil er ein Boxer ist.

Welcher Torwart kann höher springen als die Latte?

Alle. Latten springen nicht.

Warum bringt Doping im Fußball nichts?

Das Zeug muss in die Spieler.

Wie nennt man ein Fußballspiel gegen eine Mannschaft aus dem Waisenhaus?

Heimspiel.

Wie heißen die Fußballschuhe von Jesus?

Christstollen.

Warum sind Fußballer eine Gefahr für den Straßenverkehr?

Weil sie bei Rot gehen.

Warum hat der Stürmer Schluss mit seiner Freundin gemacht?

Weil sie ihn ständig ins Abseits gestellt hat.

Was beweist, dass selbst Fußbälle sich verletzen können?

Der Fußballverband.

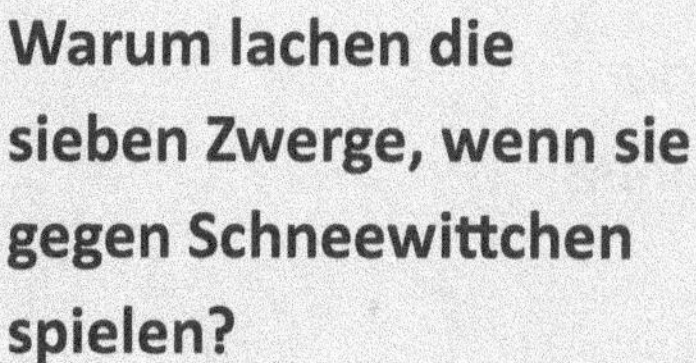

Warum lachen die sieben Zwerge, wenn sie gegen Schneewittchen spielen?

Weil ihnen die Grashalme an den Eiern kitzeln.

Was ist ein Lattentreffer?

Äußerst schmerzhaft!

Fußballwitze mit Anlauf

Fußball hat mehr mit dem täglichen Gang zum stillen Örtchen gemeinsam, als man zunächst denkt.

Danebenschießen ist in beiden Fällen voll Scheiße.

Fan: *„Ach Herr Schiedsrichter, wie geht es eigentlich Ihrem Hund?“*

Schiedsrichter: *„Ich habe doch gar keinen Hund.“*

Fan: *„Das ist aber wirklich traurig, blind und keinen Hund.“*

Mutter: *„Achtung, frisch gewischt!“*

Kind: *„Passt schon, ich trag noch Spikes.“*

Der Sohn eines Fußballstars kommt stolz mit seinem Zeugnis nach Hause und sagt:

„Papa, mein Vertrag mit der dritten Klasse wurde erfolgreich verlängert."

Trainer zum Spieler:
*„Du warst heute gar nicht so schlecht.
Zwei Kleinigkeiten stehen dir noch im Weg: dein linkes und dein rechtes Bein."*

20 Uhr: Ich krieg 'ne Nachricht von meiner Freundin:
„Du musst dich entscheiden, ich oder Fußball!"

23 Uhr: Ich antworte:
„Du natürlich, mein Schatz."

Ein Sportreporter fragt den Fußballer:
„Was empfinden Sie, wenn Ihre Mannschaft gewinnt?“

Fußballer:
„Das kann ich leider nicht sagen. Ich bin erst drei Jahre bei diesem Verein.“

Die Abseitsregel auf dem Klo ist wohl um einiges leichter zu erklären als die Abseitsregel beim Fußball.

Abseits bedeutet hier schlichtweg, dass du wohl daneben gekackt hast.

Als der Mittelstürmer im Himmel ankommt, fragt Petrus ungläubig:

„Moment mal ... wie hast du denn das Tor gefunden?“

Peter hat sich beim Fußballspielen den Fuß gebrochen. Nach etwa vier Wochen meldet er sich wieder bei seinem Chef zurück.

Chef: *„Na, Peter, wie geht's denn? Ist der Fuß wieder in Ordnung?"*

Peter: *„Alles bestens, Chef. Ich kann jetzt sogar besser gehen als je zuvor."*

Chef: *„Na, das freut mich ja. Was dir jetzt nur noch fehlt, ist eine ordentliche Gehirnerschütterung."*

Ein Fußballer beim Augenarzt:
„Kann man da gar nichts machen? Ich werde immer kurzsichtiger. Dabei hänge ich doch so am Fußball."

Der Arzt beruhigt:
„Keine Sorge.
Wenn es schlimmer wird,
können Sie immer noch Schiedsrichter werden."

Gegen Ende eines extrem langweiligen Spiels humpelt der Spieler vom Platz.

Fragt der Trainer besorgt:
„Bist du verletzt?"

Spieler winkt ab:
„Keine Sorge, Trainer. Mein Bein ist nur eingeschlafen."

Ein Amerikaner, ein Deutscher und ein Araber sitzen zusammen bei einem Drink.

Amerikaner: *„Ich habe vier Söhne. Noch einen und ich habe eine Basketballmannschaft."*

Deutscher: *„Ich habe zehn Söhne. Noch einen und ich habe eine Fußballmannschaft."*

Araber: *„Ich habe siebzehn Frauen. Noch eine und ich habe einen Golfplatz."*

Eine Fußballmannschaft fliegt nach Amerika. Aus Langeweile beginnen die Spieler, im Flugzeug mit dem Ball zu spielen.

Der Pilot ist genervt und schickt den Co-Piloten nach hinten.

Nach einer Minute ist absolute Ruhe.

Pilot: *„Und, was hast du gemacht?"*

Co-Pilot: *„Ganz einfach. Ich habe gesagt: Jungs, draußen ist schönes Wetter, spielt doch vor der Tür."*

Ohne Rücksicht auf Fairplay

Ab hier gilt: starke Nerven. Die folgenden Witze setzen eine Portion Selbstironie voraus. Humor, der anecken kann. Wer hier nichts zum Schmunzeln findet, blättert besser weiter.

Sohn: *„Papa, warum gibt es so wenig Frauenfußball?"*

Vater: *„Finde mal 11 Frauen, die das Gleiche anziehen wollen."*

Fußballer gelten für viele Frauen als Sexsymbole. Doch was dabei oft vergessen wird, ist, dass diese berufsbedingt verlernt haben, ihre Hände zu benutzen.

Und welche Frau wünscht sich nicht lieber jemanden, der anpackt und nicht zutritt.

Warum ist die Glühbirne gut im Fußball?

Weil sie der hellste Spieler auf dem Platz ist!

Warum ist Schwulenfeindlichkeit in diesem Sport eigentlich immer noch so ein großes Thema? Bei jedem Foul wird gejammert und geschauspielert, als gäbe es dafür einen Oscar. Seien wir doch mal ehrlich:

Dieses Rumgeheule kauft einem doch kein Schwuler ab. Die sind hart im Nehmen und stecken um einiges mehr ein ohne zu jammern.

Tipp: Gilt übrigens nicht nur auf dem Platz. Auch auf dem Klo solltest du zwischendurch mal aufstehen.
Toilettennacken vom Kacken braucht wirklich niemand und mit eingeschlafenen Spaghettibeinen zum Waschbecken zu nudeln macht auch keinen Spaß.

Frauen finden Fußball besser als Sex, weil ...

... es schon nach 45 Minuten in die zweite Runde geht.

... es 90 Minuten dauert.

... es fast immer die Hoffnung auf Verlängerung gibt.

... man abschalten kann, wenn es langweilig ist.

... es 22 Männer zur Auswahl gibt.

... Versager ausgewechselt werden können.

... Männer sich hinterher für schlechte Leistung entschuldigen müssen.

... jeder Fehler ausgepfiffen werden kann.

... man die Pfeifen schon vor dem Match erkennt.

... es kein Spiel ohne Fummeln gibt.

... der Kapitän die Binde trägt.

... nur die Ecke eine Fahne hat.

... die Latte 7,32 Meter lang ist.

... man das Spiel auch abblasen kann.

... man davon nicht schwanger wird.

Männer finden Fußball besser als Sex, weil ...

... nach der Halbzeit die Seiten gewechselt werden.

... niemand ein endlos langes Vorspiel und Nachspiel fordert.

... es leichter ist, das Leder ins Tor als die Frau ins Bett zu kriegen.

... ein Volltreffer nicht gleich Alimente nach sich zieht.

... keiner meckert, wenn die Socken anbleiben.

... weil Stollen besser sind als Noppen.

... weil da auch mal gedoppelt wird.

... alle jubeln, wenn er drin ist.

... es Fußball täglich gibt.

... jede Woche ein anderes Spiel ist.

... du sicher sein kannst, dass die Bälle echt sind.

... weil man notfalls auch mit dem Kopf einlochen kann.

... 22 Männer Gas geben, aber nur zwei verhüten müssen.

Verwechslungsgefahr

EIN HAUFEN PFEIFEN

EIN HAUFEN PFEIFEN

ANSTOßEN
BURP!
AUFSTOßEN

Achtung
Verwechslungsgefahr
AUSGESCHIEDEN
AUSGESCHIEDEN

REINSCHIFFER
VERWECHSLUNGS-
GEFAHR
RHEINSCHIFFER

Wenn Fußballer Redewendungen wörtlich nehmen

K
A
Q
J
MIT OFFENEN
KARTEN SPIELEN

DEN BALL FLACHHALTEN

DEN NAGEL AUF DEM KOPF TREFFEN

AUF DEM SCHLAUCH STEHEN

DEN KÜRZEREN ZIEHEN

AUF DIE LANGE BANK SCHIEBEN

Wenn Fußballsprache wörtlich genommen wird

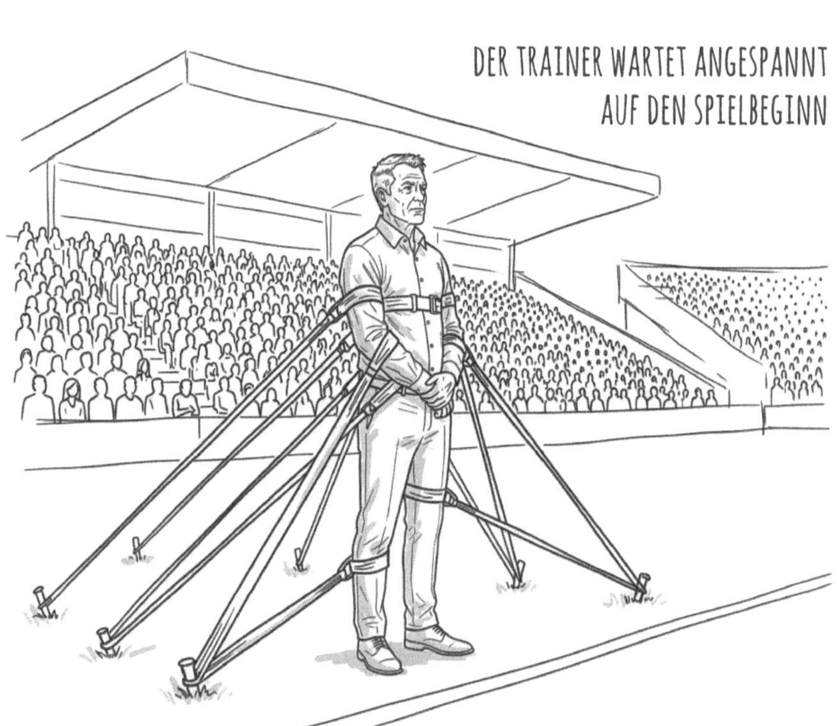

DA WAR EINE HAND IM SPIEL

DIE MANNSCHAFTEN TASTEN SICH
ZUNÄCHST EINMAL AB

WENN SIE HIER GEWINNEN
WOLLEN, MÜSSEN SIE NOCH EINE
SCHIPPE DRAUFLEGEN

DER TORWART HÄLT SEINE
KISTE SAUBER

ER BEACKERT DIE LINKE SEITE

HAMMERPASS

SIE STEHEN TIEF

IN DER KABINE HAT DER TRAINER DEN SPIELERN ERST MAL DEN KOPF GEWASCHEN

ER LÄSST NICHTS ANBRENNEN

ER RÄUMT KOMPROMISSLOS AUF

2

Für lange Nachspielzeiten

Lange Nachspielzeiten gibt es nicht nur auf dem Platz. Wenn auch deine Sitzung etwas mehr Zeit bedarf, lehn dich zurück und genieße die kuriosesten Geschichten, die der Fußball zu bieten hat. Einige davon mögen erfunden klingen. Der Fußball hat sie trotzdem geschrieben. Zurücklehnen. Weiterlesen. Nachspielzeit läuft.

Unglaublich aber wahr

Zuschauer spielten mit

Früher war Fußball unkomplizierter. Im Jahr 1910 trat die deutsche Nationalmannschaft in Duisburg gegen Belgien an. Das Problem: Es standen nur sieben deutsche Spieler bereit. Vier fehlten.

Absagen wollte man damals nicht. Also traf man eine Entscheidung, die heute unvorstellbar wäre. Man holte kurzerhand vier Zuschauer von der Tribüne, drückte ihnen Trikots in die Hand und schickte sie aufs Feld. Belgien gewann trotzdem mit 3:0.[1]

> Früher konnte ein Ticket für die Tribüne einen sogar bis in die Nationalmannschaft befördern.

Das Spiel mit den drei Halbzeiten

Fußball ist einfach. Zwei Mannschaften. Zwei Halbzeiten. Zumindest in der Theorie.

Im Jahr 1894 trafen Sunderland und Derby County in England aufeinander. Das Spiel begann wie geplant, allerdings mit einem kleinen Problem: Der angesetzte Schiedsrichter war noch nicht da. Also übernahm ein Ersatzmann den Anpfiff, damit niemand länger warten musste.

Nach einiger Zeit erschien der eigentliche Unparteiische am Spielfeldrand. Er sah das laufende Spiel, schüttelte den Kopf und war mit dem bisherigen Ablauf alles andere als zufrieden. Kurzerhand ließ er die Partie unterbrechen und pfiff sie neu an.

Die Mannschaften spielten erneut eine Halbzeit. Danach dachten alle, das Thema sei erledigt. Doch auch diese Spielzeit genügte dem Schiedsrichter nicht. Also ließ er ein weiteres Mal anpfeifen.

Am Ende standen drei Halbzeiten, ein klares Ergebnis und viele ratlose Gesichter. Das Spiel ging offiziell in die Statistik ein, obwohl es länger dauerte als vorgesehen und gleich mehrfach neu begonnen wurde.[2]

> Heute findet die dritte Halbzeit meist in der Kneipe statt. 1894 wurde sie noch auf dem Platz ausgetragen.

Der seltsamste Weg ins Finale

Bei der EM 1968 kam es im Halbfinale zu einer Entscheidung, die heute kaum noch vorstellbar ist. Italien traf auf die Sowjetunion. Nach 90 Minuten stand es 0 zu 0. Auch die Verlängerung brachte kein Tor.

Ein Elfmeterschießen gab es damals noch nicht. Und so musste der Finalist auf eine andere Art ermittelt werden. Der Schiedsrichter griff zur Münze. Kopf oder Zahl entschied darüber, wer ins Finale einzieht.

Italien hatte das Glück auf seiner Seite und gewann den Münzwurf. Wenige Tage später standen die Italiener im Endspiel und wurden am Ende sogar Europameister. Ein Titelgewinn, der mit einer einfachen Münze begann.

> Bevor du jetzt nach einer Münze suchst, heute schießt man Elfmeter.

Mit Pistole rein? Leider nein

Man könnte meinen, strenge Sicherheitskontrollen seien eine Erfindung der Neuzeit. Ein Blick in die Fußballgeschichte zeigt jedoch das Gegenteil. Bereits beim ersten WM-Finale 1930 in Montevideo nahm man das Thema Sicherheit erstaunlich ernst.

Vor dem Endspiel zwischen Uruguay und Argentinien wurden die Zuschauer am Eingang des Estadio Centenario kontrolliert. Die Zeitung „Die Welt" berichtete von rund 1.600 Schusswaffen, die den Fans vor dem Betreten des Stadions abgenommen wurden. Die Organisatoren fürchteten, dass die aufgeheizte Stimmung sonst nicht nur emotional eskalieren könnte.

> Ganz nach dem Motto: Erst die Waffe abgeben, damit angefeuert und nicht abgefeuert wird.

Wenn man nicht alles selber macht

Es gibt Spieler, die treffen doppelt. Es gibt Spieler, die treffen dreifach. Und dann gibt es Chris Nicholl, der sich sagte: Ich treffe alle. Im Jahr 1976 schaffte es der Verteidiger, in einem einzigen Spiel alle vier Tore zu erzielen. Nur blöd, dass zwei davon Eigentore waren.

Er traf zuerst ins falsche Netz. Dann ins richtige. Dann wieder ins falsche, per Kopf so perfekt, dass angeblich kein Torwart der Welt eine Chance gehabt hätte. Und zum Abschluss glich er erneut für sein eigenes Team aus. Endstand 2:2.

Alle Tore erzielte er selbst. Ein Viererpack, der statistisch beeindruckend wirkt, sportlich niemandem wirklich hilft. Am Ende war er gleichzeitig bester Torschütze und größter Gegner seiner eigenen Mannschaft.[3]

> Manchmal ist es wohl besser, auch mal Aufgaben abzugeben und nicht alles selbst zu machen.

Gedanke

Für Chris Nicholl war das wohl ein Moment, in dem er am liebsten die Zeit zurückgedreht hätte.

Aber hast du dir schon einmal überlegt, was passiert, wenn man Fußball rückwärts schaut?

Dann geht es um elf traurige und elf fröhliche Männer, die sich so lange anmeckern, bis sie sich wieder vertragen.

Denk mal drüber nach.

Wenn Fußball Regeln völlig eskalieren

Wenn plötzlich auf beide Tore gespielt wird

Im Jahr 1994 trafen Barbados und Grenada in der Qualifikation zum Caribbean Cup aufeinander. Barbados musste gewinnen, und zwar mit zwei Toren Unterschied. Ein 2:1 hätte nicht gereicht. Grund dafür war eine Sonderregel des Turniers: Ging ein Spiel unentschieden aus, folgte eine Verlängerung. Und ein Golden Goal in der Verlängerung zählte nicht nur als Siegtreffer, sondern gleich doppelt.

Kurz vor Schluss führte Barbados mit 2:1. Ein Ergebnis, mit dem Grenada weitergekommen wäre. Also tat Barbados etwas, das bis heute Kopfschütteln auslöst. Sie schossen absichtlich ein Eigentor. Der Ball wurde kontrolliert ins eigene Netz gespielt. 2:2. Verlängerung gesichert.

Jetzt wurde es völlig absurd. Grenada begriff, dass ein einziges Tor vor Abpfiff reichen würde, egal in welches Netz. Also versuchten sie, irgendwie zu treffen. Barbados wiederum verteidigte plötzlich nicht nur das eigene Tor, sondern auch das gegnerische. Auf dem Platz rannten Spieler in alle Richtungen. Niemand wusste, was gerade Angriff oder Verteidigung war.

Die Verlängerung kam. Barbados traf per Golden Goal. Das Tor zählte doppelt. Endstand 4:2. Barbados war qualifiziert. Die Regel wurde danach abgeschafft.[4]

> Ein Fußballspiel, bei dem man beide Tore verteidigen muss, wollte selbst der Fußball kein zweites Mal sehen.

Rekorde & Zahlenwahnsinn

149 : 0 – Das Spiel, das niemand abbrechen wollte

Im Jahr 2002 in Madagaskar: AS Adema gegen SO l'Emyrne. Kein sportlicher Klassenunterschied, sondern ein Protest. Aus Wut über eine als unfair empfundene Schiedsrichterentscheidung im vorherigen Spiel begann l'Emyrne, vom ersten Pfiff an ein Eigentor nach dem anderen zu schießen.

149 Mal landete der Ball im eigenen Netz. Der Gegner musste nichts tun. Niemand brach das Spiel ab. Kein Eingreifen. Kein Abpfiff. Am Ende stand ein Ergebnis, das man kaum glauben kann.

Der höchste Sieg der Fußballgeschichte, offiziell anerkannt. Ein Ereignis, das unglaublich klingt, aber tatsächlich passiert ist.[5]

> Das Spiel war entschieden, aber der Protest nicht.

Das Elfmeterschießen, das einfach nicht enden wollte

Nach 90 Minuten, Verlängerung und allem, was ein Pokalspiel sonst noch hergibt, war klar: Das Playoff-Halbfinale um den Aufstieg zwischen SC Dimona und Shimshon Tel Aviv in Israel im Jahr 2004 musste im Elfmeterschießen entschieden werden. Nach Verlängerung stand es 2:2.

Dann begann das Elfmeterschießen. Treffer um Treffer. Spieler liefen an, schossen, trafen. Und kamen wieder. Und wieder.

Das Spiel schien kein Ende zu finden. Irgendwann waren alle Feldspieler durch. Dann mussten auch die Torhüter ran. Und selbst die blieben nicht bei einem Versuch.

Am Ende standen unglaubliche 56 Elfmeter auf dem Zettel. 28 pro Team. Beim entscheidenden Schuss im Elfmeterschießen kam es schließlich zum ultimativen Duell: Torwart gegen Torwart. Der Schuss kam. Der Ball wurde gehalten. Und nach über drei Stunden war das Spiel endlich vorbei. SC Dimona gewann zwar das Spiel mit dem unglaublichen Ergebnis von 23:22.[6]

> Doch den Rekord für das längste Elfmeterschießen der Fußballgeschichte holten sich beide Teams. Kein Rekord für Schönheit. Aber einer für Ausdauer.

Fehlentscheidungen & Schiri-Momente

Das Tor, das drin war aber nicht zählte

WM 2010, Achtelfinale: England gegen Deutschland. Frank Lampard schießt. Der Ball prallt an die Latte, springt klar hinter die Torlinie und wieder heraus. Ein reguläres Tor. Eigentlich.

Doch das Spiel läuft weiter. Kein Tor. Keine Korrektur. Weder die Schiedsrichter auf dem Feld noch die Bilder auf den Bildschirmen ändern etwas daran.

Es folgt eine weltweite Diskussion über Fehlentscheidungen im Fußball. Dieses Tor wurde später zum Symbol für die Einführung der Torlinientechnik.[7]

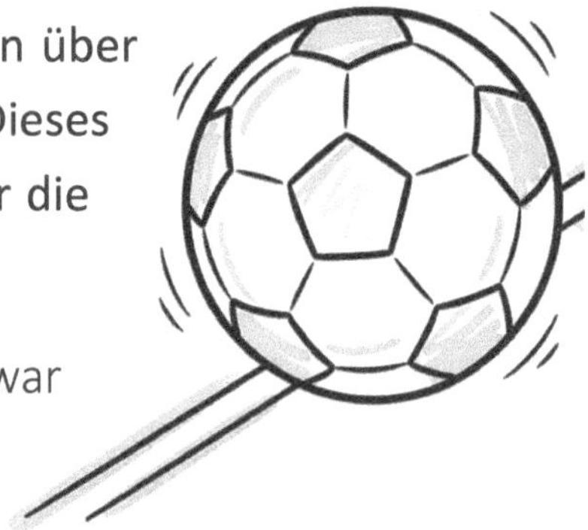

> Der Ball war drin, aber die Zeit war noch nicht reif.

Ein Abpfiff kommt selten allein

Afrika Cup 2022, Mali gegen Tunesien. Das Ergebnis 1 zu 0 wirkt am Ende fast nebensächlich. In der Schlussphase ertönt plötzlich der Schlusspfiff etwa fünf Minuten zu früh. Nach heftigen Protesten erkennt der Schiedsrichter seinen Fehler und lässt das Spiel fortsetzen.

Doch es wird noch absurder. Es gibt VAR Unterbrechungen, eine Rote Karte, Diskussionen und anstelle einer passenden Nachspielzeit gibt es nur einen weiteren verfrühten Abpfiff, wenige Sekunden vor Ablauf der regulären Spielzeit. Die Tunesier toben, fordern mehrere Minuten Nachspielzeit. Die Situation ist derart aufgeheizt, dass das Schiedsrichterteam schließlich unter Schutz das Feld verlassen muss.

Später wird verkündet, die Partie solle doch noch fortgesetzt werden. Mali kehrt auf den Platz zurück, doch Tunesien reicht es und bleibt in der Kabine.[8]

> Wer so gern vor sich hinpfeift, wäre vielleicht besser bei der Blockflöte geblieben.

Der Spieler mit drei Gelben Karten

WM 2006, Gruppenspiel zwischen Kroatien und Australien. Der kroatische Verteidiger Josip Šimunić begeht ein Foul und sieht die Gelbe Karte. Später folgt das nächste Foul. Wieder Gelb. Doch der Schiedsrichter lässt ihn weiterspielen.

Dann passiert das Unfassbare. Šimunić foult erneut und bekommt tatsächlich eine dritte Gelbe Karte gezeigt. Der Schiedsrichter hat den Überblick verloren und notiert die Verwarnung, als wäre es erst die zweite Gelbe. Erst danach greift der Schiedsrichter zur Roten Karte und schickt ihn vom Platz.

Ein Spieler erhält drei Gelbe Karten, bevor er das Feld verlassen muss. Geleitet von einem international erfahrenen WM-Schiedsrichter.[9]

> Zwei Gelbe sind Rot. Drei Gelbe sind Geschichte.

Rote Karten für die Geschichtsbücher

Rote Karten gehören zu den härtesten Momenten im Fußball. Sie entscheiden Spiele, beenden Einsätze abrupt und sorgen manchmal für Szenen, die man kaum glauben kann.

Über drei Gelbe Karten kann Ricky Broadley nur müde lachen. Der walisische Stürmer schaffte das Kunststück, in einem einzigen Spiel gleich drei Rote Karten zu sehen. Zuerst wurde er in der zweiten Halbzeit vom Platz gestellt, weil er auf einen Gegenspieler eingetreten haben soll.

Auf dem Weg vom Feld verlor er endgültig die Nerven und warf Wasser in Richtung Schiedsrichter. Rote Karte Nummer zwei. Doch damit nicht genug. Kurz darauf beleidigte er den Unparteiischen auch noch lautstark und kassierte Rote Nummer drei. Nach dem Spiel folgte sogar noch ein weiterer Bericht wegen Fehlverhaltens im Vereinsheim.[10]

In anderen Fällen musste die Rote Karte gar nicht erst bis zur zweiten Halbzeit warten. Einen der schnellsten Platzverweise der Fußballgeschichte kassierte Walter Boyd von Swansea City. Nach seiner Einwechslung war für ihn bereits nach wenigen Sekunden wieder Schluss, weil er sich mit einem Ellbogenstoß gegen einen Gegenspieler sofort die Rote Karte einhandelte. Noch schneller erwischte es Lee Todd, der im Jahr 2000 nur etwa zwei Sekunden auf dem Platz stand, bevor er wegen einer Beschwerde über den lauten Anpfiff die Rote Karte sah.[11]

Es gibt viele Wege, sich eine Rote Karte einzuhandeln. Beleidigungen, Fouls und Handgreiflichkeiten gehören zu den Klassikern. Der Fall des schwedischen Spielers Adam Lindin Ljungkvist jedoch war neu. Der bereits Verwarnte erhielt Gelb Rot, nachdem der Schiedsrichter seinen lauten Furz als unsportliches Verhalten und Provokation wertete. Eine Situation, die man erst einmal verdauen muss.[12]

Doch es gibt auch Spiele, in denen nicht ein einzelner Moment eskaliert, sondern gleich eine ganze Partie. Im spanischen Drittligaspiel zwischen Recreativo Linense und Algeciras CF geriet das Geschehen derart außer Kontrolle, dass der Schiedsrichter am Ende insgesamt 19 Rote Karten verteilte. Das Spiel wurde abgebrochen und gilt als eines der chaotischsten der Fußballgeschichte.[13]

> Ein Platzverweis kann passieren. Neunzehn eher nicht.

Chaos im Stadion

Es beginnt meist harmlos. Ein Becher fliegt. Vielleicht ein Feuerzeug. Mancher erinnert sich auch an die klassischen Klopapierrollen, die bei hitzigen Spielen plötzlich auf dem Rasen landen. Nichts Besonderes. Das kennt man schon. Doch Fußballfans wären keine Fußballfans, wenn sie es dabei belassen würden.

Über die Jahre gab es viele verrückte Würfe. Von einfachen Tennisbällen über Kokosnüssen bis hin zu Unterwäsche, Autoteilen und einem halben Hamburger fanden die unterschiedlichsten Dinge ihren Weg Richtung Strafraum. Manchmal aus Protest, manchmal aus purer Langeweile.

Der Ball rollte weiter, und die Gegenstände auch. Zu den verrückteren Dingen, die ihren Weg in die Arena fanden, gehören wohl eine Schubkarre und ein Roller. Spätestens hier stellt sich nicht mehr die Frage, warum geworfen wurde, sondern wie die Fans diese Dinge überhaupt dorthin bekamen.

Die Speerspitze der Eskalation bilden wohl Schweineköpfe, tote Ratten und der halbe Kadaver eines Tieres. Selbst eine lebende Katze und eine Handgranate fanden schon einmal ihren Weg aufs Feld. Ab diesem Punkt geht es wohl kaum mehr um Fußball, sondern um die Erkenntnis, dass es offenbar nichts gibt, was Fans nicht schon einmal in ein Stadion geschmuggelt hatten.[14]

> Im Fußball fliegt zwar meistens nur der Ball. Aber verlassen sollte man sich darauf besser nicht.

Welcher Fußballfan erinnert sich nicht an den legendären Golfball-Zwischenfall mit Oliver Kahn?

Menschen, Fans & Rituale

Unattraktive Spieler kicken besser

Schön sein ist nicht immer ein Vorteil. Zumindest nicht im Fußball. Zu diesem Ergebnis kam der Soziologe Ulrich Rosar in einer Studie aus dem Jahr 2012.

Rosar bewertete die Attraktivität von 483 Bundesliga-Profis und verglich diese anschließend mit ihrer sportlichen Leistung. Herangezogen wurden unter anderem Tore, Ballkontakte und Zweikampfstärke. Das überraschende Ergebnis: Spieler, die als weniger attraktiv galten, erzielten im Schnitt bessere Leistungswerte.

Die Erklärung des Forschers klingt ebenso simpel wie absurd. Wer gut aussieht, wird automatisch positiver wahrgenommen. Wer weniger attraktiv ist, muss sich stärker anstrengen, um Anerkennung zu bekommen. Und genau das spiegelt sich offenbar auch auf dem Platz wider.[15]

> Bevor du jetzt überlegst, wie du möglichst unattraktiv werden kannst, lass dir gesagt sein: Es ist nur eine Studie. Und wie heißt es so schön? Glaube keiner Studie, die du nicht selbst gefälscht hast.

Als der Fan plötzlich auf dem Platz stand

Bei der Europameisterschaft 2016 in Frankreich kam es zu einem ungewöhnlichen Moment. Während eines Spiels von

Portugal lief plötzlich ein Fan auf das Spielfeld und sorgte für eine kurze Unterbrechung. Sein Ziel war schnell klar: Cristiano Ronaldo.

Der portugiesische Superstar blieb ruhig und gelassen. Statt sich aufzuregen, reagierte er freundlich und ließ die Situation entspannt über sich ergehen. Der Fan nutzte den Moment sogar für ein kurzes Selfie mit Ronaldo, bevor die Sicherheitskräfte eingriffen. Die Szene ging um die Welt und zeigte eine menschliche Seite des Superstars.

> Bevor du jetzt glaubst, das sei eine gute Idee, es gibt entspanntere Orte für ein Foto.

Verrückte Rituale auf dem Rasen

Fußball ist ein Spiel aus Technik, Taktik und Talent. Trotzdem verlassen sich viele Profis lieber auf feste Rituale, bevor sie den Platz betreten. Sicher ist sicher.

Cristiano Ronaldo verlässt beispielsweise beim Einlaufen meist als Letzter den Tunnel und betritt den Rasen konsequent mit dem rechten Fuß zuerst. Vor jedem Spiel folgt er dabei exakt denselben Abläufen. Abweichungen gelten für ihn als schlechtes Omen.[16]

Johan Cruyff spuckte vor Spielen Kaugummi in die gegnerische Hälfte und klopfte seinem Torwart auf den Bauch. Ordnung musste sein, auch beim Aberglauben.[17]

Ein ganz besonderes Ritual entwickelten Laurent Blanc und Fabien Barthez. Vor jedem Spiel küsste Blanc den kahlen Kopf seines Torwarts. Das Glück schien tatsächlich auf ihrer Seite, Frankreich wurde Weltmeister.[18]

Gary Lineker glaubte, dass man sein Glück vorzeitig verschießen könne. Beim Aufwärmen verzichtete er bewusst auf Torschüsse. Er wollte schlichtweg nicht riskieren, am Ende ohne Trefferglück dazustehen.[19]

Pelé geriet in den 1960er Jahren plötzlich in ein Formtief und suchte nach einer Erklärung. Für ihn war schnell klar, dass etwas fehlte: sein Glückstrikot. Kurz zuvor hatte er es einem Fan geschenkt. Also ließ er gezielt nach dem Trikot suchen. Als er es wieder hatte, lief es auch auf dem Platz wieder deutlich besser. Jahre später stellte sich heraus, dass es gar nicht das Original war. Offenbar hatte der Glaube daran völlig ausgereicht.[20]

> Wenn du also vor dem Spiel immer denselben Platz auf der Couch brauchst, kein Problem: Du bist nicht abergläubisch. Du bist einfach Profi.

Ein absoluter Volltreffer

Manchmal schreibt der Fußball seine besten Geschichten ganz ohne Ball. Bei einem Spiel bastelte ein Fan auf der Tribüne einen Papierflieger und ließ ihn scheinbar beiläufig in Richtung Spielfeld segeln.

Zunächst schenkte ihm kaum jemand Beachtung. Doch langsam, fast majestätisch, trieb der Papierflieger über den Rasen und steuerte erstaunlich zielstrebig auf eines der Tore zu. Das eigentliche Spiel geriet zur Nebensache. Spieler spielten weiter. Zuschauer schauten nach oben.

HIER GEHTS ZUM VIDEO

Mit wachsender Spannung verfolgte das Stadion den lautlosen Flug. Als der Papierflieger schließlich tatsächlich im Tornetz landete, brach lauter Jubel aus, ganz so, als wäre gerade das entscheidende Tor gefallen.

> Manche Tore brauchen keinen Fuß.
> Nur ein bisschen Aufwind.

3

Die verrücktesten Fußballplätze der Welt

Manche Fußballplätze unterscheiden sich nur durch ihre Tribünen. Andere durch ihre Atmosphäre. Und dann gibt es Orte, bei denen man sich fragt, ob der Spielplan nicht heimlich mit dem Fahrplan abgestimmt wurde. In diesem Kapitel finden sich Fußballplätze, die so außergewöhnlich sind, dass sie auf die Bucketlist jedes Fußballfans gehören.

Fußball nach Fahrplan

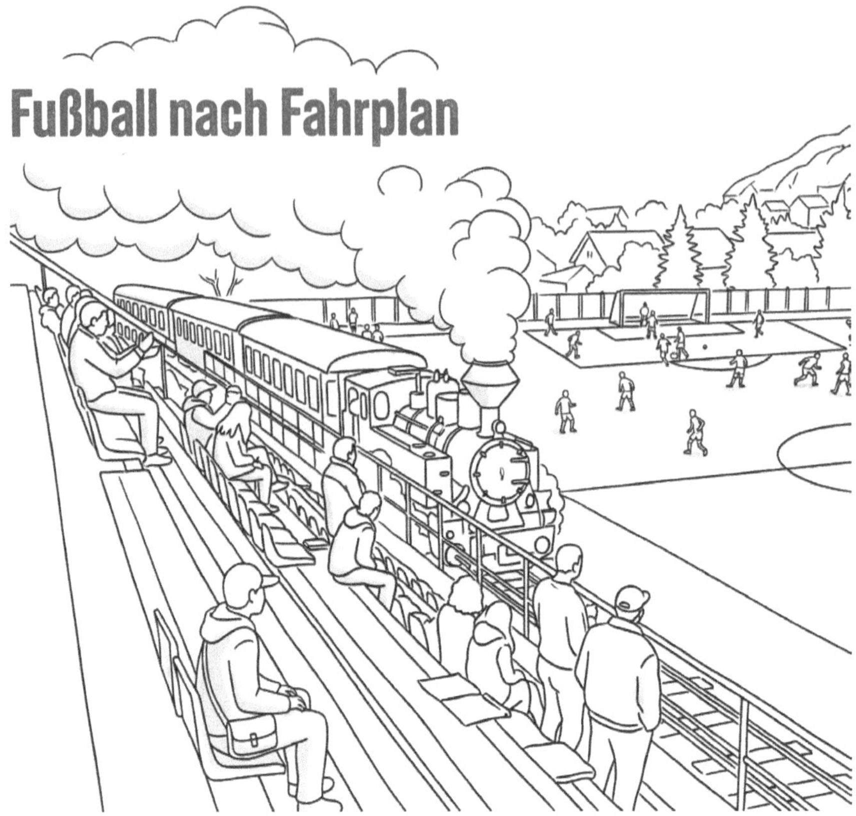

Ein besonders kurioses Beispiel findet sich in der Slowakei. Das Stadion des TJ Tatran Čierny Balog liegt direkt an einer aktiven Eisenbahnstrecke. Während eines Spiels kann es passieren, dass plötzlich ein Zug hinter dem Spielfeld vorbeifährt. Dann ruht der Ball kurz, nicht wegen eines Fouls, sondern wegen des Verkehrs.

Spieler warten, Zuschauer staunen und der Schiedsrichter zeigt Geduld. Kein VAR, kein Platzsturm, nur ein ganz normaler Zug, der seinen Weg nimmt. Fußball nach Fahrplan.

> Über mangelnden Zug zum Tor kann sich hier jedenfalls wirklich niemand beschweren.

Hier war der Wurm drin

In Bergen auf Rügen hatte man ein klassisches Fußballproblem: Nach Regen stand der Platz regelmäßig unter Wasser.

Die Stadt ließ rund 200.000 Regenwürmer aus den Niederlanden kommen, verteilt in 2.000 Häufchen auf dem Rasen. Kostenpunkt: rund 8.000 Euro. Die Würmer sollten den Boden lockern, damit das Wasser endlich besser versickert. Eine Lösungsidee, die nach Natur, Nachhaltigkeit und genialer Einfachheit klang.

Dumm nur: Der Platz blieb trotzdem nass und wurde zusätzlich uneben, weil die Würmer fröhlich kleine Erdhügel hinterließen. Später wurde eine wirksame Drainage eingebaut, doch auch das hatte einen Haken. Ausgerechnet die Würmer verstopften die Drainage teilweise wieder. Als Krönung stand sogar im Raum, die Würmer für weitere 19.500 Euro wieder loszuwerden.[21]

> Vielleicht ist eine Wurmkur doch nicht die richtige Behandlungsmethode für einen Fußballplatz.

Hoch hinaus, Luft geht aus

In den Anden von Peru liegt ein Fußballplatz, bei dem schon das Zuschauen anstrengend wird.

In der Stadt Cerro de Pasco befindet sich das höchstgelegene Fußballstadion der Welt auf unglaublichen 4.378 Metern über dem Meeresspiegel. Zum Vergleich: Das ist höher als viele Alpen-Gipfel und ungefähr die Höhe, in der Fußball eigentlich nichts mehr verloren hat.

Hier steht das Estadio Daniel Alcides Carrión. Ein Stadion, in dem nicht nur der Gegner Druck macht, sondern vor allem die Höhe. Der Sauerstoff ist so dünn, dass sich Aufwärmen anfühlt wie Verlängerung. Gastmannschaften berichten von schweren Beinen, brennender Lunge und dem Gefühl, schon nach wenigen Minuten auf Reserve zu spielen, körperlich wie mental.[22]

Der Ball dagegen fühlt sich hier pudelwohl. In der dünnen Luft fliegt er schneller und weiter, während die Spieler immer langsamer werden. Für die Heimmannschaft wurde die Höhe über Jahre zu einem echten Vorteil. Wer hier nicht akklimatisiert ist, spielt weniger gegen elf Gegner als gegen die eigene Atmung.

Wer hier anreist, lernt schnell, dass Kondition relativ ist. Was anderswo ein lockeres Aufwärmen wäre, fühlt sich in dieser Höhe an wie ein Dauerlauf nach Verlängerung. Und wer glaubt, sich nach ein paar Tagen daran zu gewöhnen, merkt spätestens beim ersten Sprint: Gewöhnung ist etwas für das Gehirn. Die Lunge widerspricht.

> Hier gewinnt nicht, wer den besseren Spielplan hat, sondern wer nach dem Anpfiff noch Luft bekommt.

Fußball mit Alpenblick

Hoch oben in den Alpen liegt die Ottmar-Hitzfeld-Arena, einer der wohl schönsten Fußballplätze der Welt und zugleich einer der höchstgelegenen in Europa. Das Stadion befindet sich auf rund 2.012 Metern Höhe. Keine Tribünen, keine Werbebanden, kein Flutlicht. Dafür ein Bergplateau mit freiem Blick ins Tal, der mehr Aufmerksamkeit fordert als jede Anzeigetafel es könnte.

Das Spielfeld ist kleiner als gewohnt, deshalb gelten hier eigene Regeln. Statt elf spielen nur acht Spieler pro Team. Abseits gibt es nicht, Rückpässe auch nicht. Fußball reduziert auf das Wesentliche, umgeben von einer Kulisse, die man normalerweise eher auf Postkarten findet.[23]

> So schön der Ausblick ist, er hat seinen Preis. Weit über 1.000 Bälle sollen hier bereits den Weg ins Tal angetreten haben.

Anstoß auf dem Wasser

In Singapur ist Platz ein Luxus. Hochhaus neben Hochhaus, Straße neben Straße. Für ein klassisches Fußballstadion bleibt da kaum Raum. Also machte man das Naheliegendste und zugleich Verrückteste: Man baute eines auf dem Wasser.

Mitten in der Marina Bay liegt „The Float", ein schwimmendes Stadion. Die Tribüne steht fest am Ufer, das Spielfeld treibt auf dem Meer. Wo sonst Schiffe unterwegs sind, wird gedribbelt, gepasst und gejubelt. Platzstürme sind hier übrigens kein Thema. Wer nach dem Abpfiff auf den Rasen will, landet nicht im Spiel, sondern im Wasser.

> Hier braucht der Ball keinen Balljungen, sondern einen Rettungsring.

Fußball am Rand der Welt

Mitten auf den Lofoten in Norwegen, umgeben von Meer, Felsen und schroffen Bergen, liegt das Henningsvær Stadion. Kein klassisches Stadion, sondern ein Fußballplatz auf einer kleinen Insel, so abgelegen, dass er eher wie ein Landschaftsbild wirkt als eine Sportanlage.

Statt Tribünen mit Kunststoffsitzen gibt es hier Felsen, Wasser und Holzgestelle, an denen sonst Stockfisch trocknet. Werbung sucht man vergeblich, dafür schaut man bei jeder Ballannahme direkt auf das offene Meer.

Wer denkt, die größte Herausforderung bei der Ballannahme sei die Ablenkung durch den tollen Ausblick, lernt hier schnell dazu. Der wahre Gegner kommt lautlos von der Seite. Der Wind greift ein, hebt an, bremst ab oder schickt den Ball auf eine spontane Ausweichroute. Was als sauberer Pass gedacht war, endet nicht selten als unfreiwillige Neuinterpretation der Spielidee.

Im Sommer geht auf den Lofoten die Sonne nicht unter. Dank der Mitternachtssonne könnte man theoretisch 24 Stunden am Stück spielen, ohne dass jemand das Flutlicht einschalten müsste.

> 24 Stunden am Stück spielen klingt traumhaft, bis mich die Realität einholt und mir einfällt: Ich kriege manchmal sogar beim Scheißen Seitenstechen.

4

Die verrücktesten Vereinbarungen im Fußball

Im Fußballgeschäft entstehen manchmal Verträge, bei denen man sich fragt, ob vorher mehr als nur ein Ball gegen den Kopf geflogen ist. Von Klauseln zu verbotenen Weltraumflügen über genehmigte Partynächte bis hin zu Prämien für Niederlagen war alles dabei.

Luis Suárez und die Anti-Beiß-Klausel

Als Luis Suárez 2014 beim FC Barcelona unterschrieb, soll nach mehreren Beißattacken in seiner Karriere in einer Vertragsklausel festgehalten worden sein, dass ein weiteres Zuschnappen ernsthafte Konsequenzen nach sich ziehen würde.

Im Raum standen hohe Geldstrafen von bis zu fünf Millionen Euro sowie sogar eine vereinsinterne Suspendierung. Hintergrund war der prominente Beiß-Vorfall bei der WM 2014, der zu einer monatelangen Sperre führte.[24]

> Ob offiziell im Vertrag verankert oder unmissverständlich kommuniziert: Die Botschaft war eindeutig.

Rafael van der Vaart und das rote Schuhverbot

Im Fußball wird man offenbar nicht nur fürs Tore schießen bezahlt. Manchmal reicht es schon, bestimmte Farben konsequent zu vermeiden.

Als Rafael van der Vaart bei Betis Sevilla unter Vertrag stand, galt für ihn eine ungewöhnliche Regel: Rote Schuhe waren tabu. Der Hintergrund war die Rivalität mit dem Stadtrivalen FC Sevilla, dessen Vereinsfarbe ausgerechnet Rot ist.

Van der Vaart durfte seine Schuhe zwar frei wählen, musste dabei jedoch konsequent auf jede Spur dieser Farbe verzichten. Für Betis offenbar eine Frage der Ehre.

Damit dieser Verzicht auch wirklich ernst genommen wurde, war er finanziell bestens abgesichert. Berichten zufolge kassierte van der Vaart für das Nichttragen roter Schuhe insgesamt rund 1,6 Millionen Euro.[25]

> Und mal ehrlich: Wer würde bei so einer Summe nicht plötzlich feststellen, dass Rot ohnehin nie die Lieblingsfarbe war?

Hugo Lloris und das Geld fürs Verlieren

Während Niederlagen für Fans wehtun, sollen sie für Hugo Lloris angeblich sogar bezahlt worden sein. Eine Vorstellung, die auf den ersten Blick ebenso absurd wie verlockend klingt. Quasi eine Prämie fürs tapfere Scheitern.

Die Geschichte machte schnell die Runde: Sieg? Geld. Unentschieden? Geld. Niederlage? Immer noch Geld. Bei einem verlorenen Spiel soll Lloris mehrere Tausend Euro erhalten haben, als kleine finanzielle Umarmung nach einem gebrauchten Abend.

Tottenham sah sich irgendwann gezwungen, das Ganze richtigzustellen. Die Erklärung war deutlich weniger spektakulär, dafür aber sehr nüchtern. Es handelte sich schlicht um eine Einsatzprämie, die sich bei einem Sieg verdoppelte.

Kein Geld fürs Verlieren also, sondern Geld fürs Mitmachen. Gewinnen lohnte sich nur mehr. Mit anderen Worten: Lloris bekam kein Trostpflaster für Niederlagen, sondern einen Bonus fürs Erscheinen. Ob nun fürs Verlieren oder fürs Erscheinen, sein Konto dürfte das sportlich genommen haben.[26]

> Für die öffentliche Wahrnehmung aber blieb vor allem hängen, dass selbst ein Missverständnis im Profifußball noch erstaunlich lukrativ sein kann.

Stefan Schwarz und das Weltraumverbot

Die Klauseln in Fußballverträgen können weitreichend sein. Dass sie jedoch bis ins Weltall reichen, ist selbst im Profifußball außergewöhnlich.

Als Stefan Schwarz Ende der 1990er Jahre beim englischen AFC Sunderland unter Vertrag stand, enthielt sein Kontrakt eine bemerkenswerte Klausel. Darin wurde festgelegt, dass der Vertrag ungültig werden würde, sollte Schwarz ins Weltall reisen.

Der Hintergrund war kein Scherz. Schwarz hatte öffentlich Interesse an kommerziellen Raumflügen gezeigt, was der Verein als unnötiges Risiko einstufte. Um auf Nummer sicher zu gehen, zog Sunderland eine klare Grenze. Fußball ja, Raumfahrt nein.

Der Abflug ins All blieb am Ende Theorie und die Klausel musste nie greifen. Doch sie zeigt, wie weit Verträge im Profifußball gehen können.[27]

> Und auch wenn Schwarz nie abhob, startete er auf den Rängen trotzdem durch. Die Fans gaben ihm kurzerhand den passenden Spitznamen „The Spaceman".

Ronaldinho und die Party-Klausel im Vertrag

Während andere Profis Bonuszahlungen aushandeln, setzte Ronaldinho ganz eigene Prioritäten. Nicht Einsatzzeiten oder Prämien standen im Fokus, sondern dass ihm niemand das Feiern verbietet.

Als der brasilianische Superstar 2011 in seine Heimat zurückkehrte und bei Flamengo unterschrieb, tauchten Berichte über eine außergewöhnliche Vertragsklausel auf. Demnach ließ sich Ronaldinho zwei feste Partynächte pro Woche vertraglich zusichern.

Training? *"Ja."*
Spiele? *"Ja."*
Party? *"Ich verstehe die Frage nicht."*

Für einen Spieler, dessen Lebensstil fast so berühmt war wie seine Tricks, klang eine Party-Klausel nur konsequent. Flamengo wiederum wusste offenbar genau, wen man verpflichtete. Statt gegen den Ruf anzukämpfen, regelte man das Thema Feiern kurzerhand schriftlich. Prävention auf brasilianische Art.[28]

> Ob diese Klausel nun offiziell im Vertrag stand oder einfach sehr großzügig ausgelegt wurde, ist dabei fast Nebensache. Die Tatsache, dass sie weltweit diskutiert wurde, zeigt jedoch, wie außergewöhnlich Ronaldinhos Karriere verlief.

Gretar Steinsson und der Traumvertrag

Manche Fußballverträge laufen nur ein Jahr, andere drei oder vier. Der von Gretar Steinsson wurde überraschenderweise gleich für 18.000 Jahre ausgestellt.

Eigentlich wollte der Verein Bolton Wanderers dem Isländer einen Vertrag bis 2014 anbieten. Stattdessen schlich sich eine Null zu viel ein, und Steinsson erhielt auf dem Papier einen Vertrag bis zum Jahr 20.014.[x] Den Fauxpas nahm der Spieler mit Humor:

> *„Natürlich bin ich glücklich mit dem neuen Vertrag. Eigentlich wollte der Verein mir nur einen Einjahresvertrag anbieten. Ich bin froh, dass es dann doch die vollen 18.000 Jahre geworden sind. Ich bin dann 18.032 Jahre alt. Das ist das richtige Alter, die Schuhe an den Nagel zu hängen. Vielleicht werde ich danach Trainer."*

Auch der Verein reagierte gelassen. Klubchef Phil Gartside kommentierte die ungewöhnliche Laufzeit ebenso trocken:

> *„Der Vertrag mag vielleicht etwas lang erscheinen, aber in 18.000 Jahren kann viel passieren. Ich denke, Gretars Erfahrung wird dem Klub über die nächsten 180 Jahrhunderte weiterhelfen."*[29]

> Ein Vertrag also, bei dem sich die Frage nach der Verlängerung vorerst wahrscheinlich nicht stellt.

Neil Ruddock und die Gewichtsklausel

Die Waage war der einzige Gegner, den der Verteidiger Neil Ruddock nicht weggrätschen konnte und wurde zu seinem gefährlichsten Gegenspieler.

Als Ruddock im Jahr 2000 bei Crystal Palace unterschrieb, wusste man offenbar, worauf man sich einließ. Trainer Harry Redknapp ließ vorsorglich eine Gewichtsklausel in den Vertrag schreiben. Die Ansage war klar: Zu schwer bedeutet weniger Gehalt. Motivation per Zahl auf der Waage.

Ruddock hatte damit zu kämpfen. Ein Jahr später wurde der Vertrag einvernehmlich beendet und die Reise ging weiter nach Swindon Town. Doch auch dort besserte sich die Situation nicht. Trotz Gewichtsverlust galt er als nicht fit genug und landete schließlich auf der Transferliste, offiziell wegen Übergewichts. Berichten zufolge passte er in keine der vorhandenen Spielhosen mehr und brauchte Sonderanfertigungen.[30]

> Am Ende verlor Ruddock den Zweikampf gegen die Waage und verließ den Klub. Wenigstens gewann er später noch ausstehendes Gehalt vor Gericht. Sportlich war das Kapitel damit zwar beendet, finanziell aber nicht ganz verloren.

Dennis Bergkamp: Hochbegabt, aber nicht abgehoben

Während seine Mitspieler abhoben, blieb Dennis Bergkamp lieber bodenständig.

Der niederländische Stürmer Dennis Bergkamp litt unter starker Flugangst und ließ deshalb bei Arsenal vertraglich festhalten, dass er zu internationalen Auswärtsspielen nicht ins Flugzeug steigen musste.

Stattdessen reiste Bergkamp mit dem Auto oder dem Zug quer durch Europa. Während das Team über den Wolken saß, rollte er über Autobahnen fuhr mit dem Zug oder blieb bei besonders langen Distanzen gleich zu Hause. Hauptsache: kein Flugticket, kein Boarding, kein Abheben.

Leistungseinbruch? Fehlanzeige. Tore schießen ging offenbar auch ohne Vielfliegerstatus. Die Fans gaben ihm schnell einen passenden Spitznamen: „Der nicht fliegende Holländer". Eine Legende, die lieber über den Rasen schwebte als über den Wolken.[31]

> Abwehrreihen überwand er, seine Flugangst nicht.

5

Lachen ohne Ball

Nicht jeder liebt Fußball. Aber alle lachen gern.
Zeit für ein paar Witze ganz ohne Ball, Schiri und Stadion.
Ideal, um auch deine Freunde zum Lachen zu bringen,
die bei Fußball sonst sofort abschalten.

Lachen ohne Ball

Achtung! Jetzt wird's kurz und flach.

Was wird aus einem Waschbären im Fitnessstudio?

Eine Waschmaschine.

Was fängt mit „T“ an und endet mit „itten“?

Tiefkühlfritten.

Geht ein Rocker in einem Blumenladen und fragt die Verkäuferin:

„Hi, wo sind die ganzen Roses?“

Wie nennt man eine weibliche Pute?

Putin.

Ohne Klopapier wird selbst die einfachste Mission zum Blockbuster.

Dann heißt's: Wischen Impossible.

Kommt ein Russe in eine Schwulenbar.

„Hallo, ich bin Sergej."

Was ist ausgekotzte Buchstabensuppe?

Gebrochenes Deutsch.

Was findet man bei einem Kannibalen in der Dusche?

Head & Shoulders.

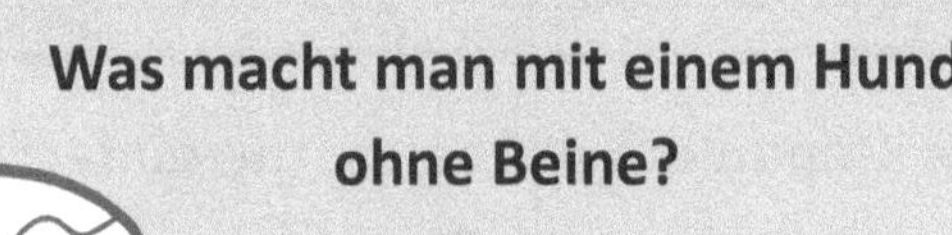

Was macht man mit einem Hund ohne Beine?

Um die Häuser ziehen.

Wie heißt ein Brettspiel für eine Person?

Bügeln

Bald kommt ein Film über Moses ins Kino.

Es ist ein Meer-Teiler.

Wie nennt man einen kleinen Türsteher?

Sicherheitshalber.

In Hamburg wurde ein Sarg gefunden, der sich einfach nicht öffnen ließ.

Es stellte sich heraus, dass ein Zuhälter drin war.

Wie heißt das Reh mit Vornamen?

Kartoffelpü.

Treffen sich zwei Wellen im Meer, sagt die eine zur anderen:

„Du, ich glaub ich muss brechen.“

Warum summen Bienen?

Weil sie den Text nicht kennen.

Warum ist Bambi der Lieblingsfilm von Rettungssanitätern?

Weil es ein Reh-Animationsfilm ist.

Wer stinkt und freut sich?

Das Gefurztagskind.

Wie nennt man eine arabische Hexe?

Habibi Blocksberg.

Mann: *"Komm, wir kaufen ein Fernglas!"*

Frau: *"Und dann?"*

Mann: *"Dann sehen wir weiter."*

Was macht die Security in der Nudelfabrik?

Die Pasta auf.

Unter der Gürtellinie

Die folgenden Witze sind eine Hommage an Peter Pan, ganz nach dem Motto: *„Ich werde niemals erwachsen."*

Wer Pipi-Kacka-Witze liebt, ist hier genau richtig.

Wie schwer darf ein Furz sein?
Am besten null Gramm, sonst wird's Kacke.

Treffen sich zwei Pobacken.

Fragt die eine:
„Willst du mich heiraten?"

Sagt die andere:
„Willst du mich verarschen?
Wir gehen doch bei jedem Scheiß auseinander."

Mama, darf ich noch die Schüssel auslecken?
„Nein, Kevin, du drückst die Spülung."

Wer hält beim Kacken eine Banane in der Hand?
Der Klorilla.

Eine Freundin von mir hat sich eine Muschel auf der Innenseite des Oberschenkels tätowiert.

Wenn man sein Ohr dranhält,
kann man das Meer riechen.

Wie nennt man einen Penis mit Sonnenbrand?
Lanzarote.

Was ist der Unterschied zwischen einem VW Käfer und einem Waschlappen?

Der VW Käfer eiert um die Kurven,
der Waschlappen kurvt um die Eier.

Was ist der Unterschied zwischen einem Kondom und einem Sarg?

In beiden ist ein Steifer, der eine kommt, der andere geht.

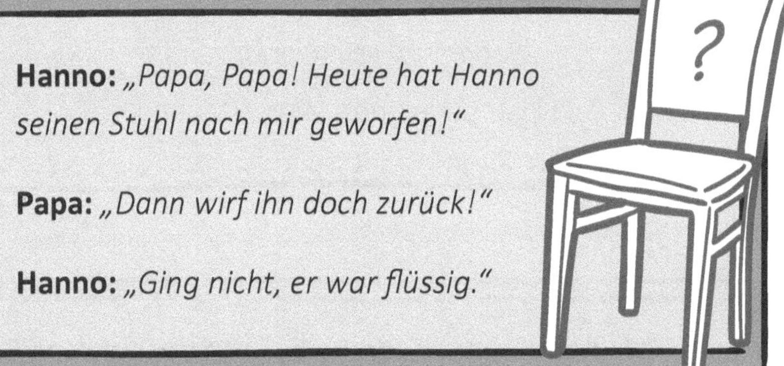

Hanno: *„Papa, Papa! Heute hat Hanno seinen Stuhl nach mir geworfen!“*

Papa: *„Dann wirf ihn doch zurück!“*

Hanno: *„Ging nicht, er war flüssig.“*

Man sagt immer: Du bist, was du isst.
Aber ich kann mich nicht erinnern, wann ich zuletzt ein faules Stück Scheiße gegessen habe.

Patient bei der Prostata-Untersuchung.

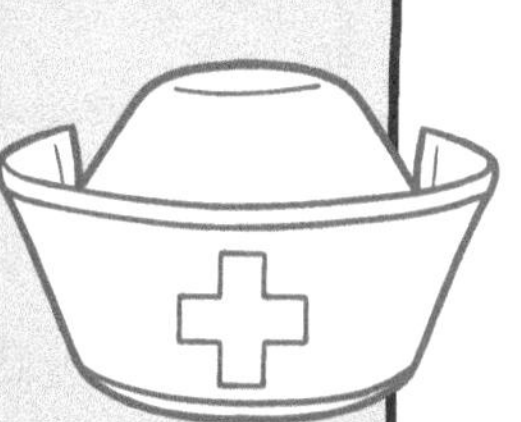

Arzt: *„Machen Sie sich keine Sorgen wegen der Erektion."*

Patient: *„Aber mein Penis ist gar nicht steif."*

Arzt: *„Wer redet denn von Ihrem?"*

Was hat jemand mit offenem Hosenstall?

Bereitschaft.

Treffen zwei Elefanten das erste Mal einen nackten Mann.

Sagt der eine zum anderen:

„Sag mal, wie kriegt denn der eigentlich das ganze Essen in den Mund?"

Ich war heute Morgen beim Arzt.

Ich sag zu ihm: *„Herr Doktor, ich habe ein Problem. Ich muss eigentlich jeden Tag ziemlich regelmäßig um 7 Uhr kacken."*

Er schaut mich ganz entspannt an und sagt: *„Wo ist das Problem? Regelmäßiger Stuhlgang ist doch hervorragend!"*

Sag ich: *„Ja ... schon. Aber ich steh halt erst um 8 Uhr auf."*

Warum hat der Weihnachtsmann einen so großen Sack?

Weil er nur einmal im Jahr kommt.

"Ich wäre wieder bereit für was festes."

Torsten, 33, hat Durchfall

Ich war neulich beim Arzt.
Er meinte, ich würde streng riechen.
Da sagte ich, ich würde mir gern noch
eine zweite Meinung einholen.
Darauf der Arzt:

„Sie sind außerdem sehr dumm."

Was ist ca. 15 cm lang, steif und wird in eine
feuchte Öffnung hineingeschoben, wo es schnell
hin- und herbewegt wird?

Eine Zahnbürste.

Klo-Knobeleien

Für alle, die gern Rätsel knacken beim Kacken. Hier wird das Gehirn genauso gefordert wie der Darm. Von leichten Aufwärmaufgaben bis zu Rätseln, bei denen man kurz überlegt, ob man lieber abwischt oder weitermacht. Am Ende jedes Rätsels findest du einen Hinweis, wo sich die Lösung versteckt.

Hinweis:
In Such- und Kreuzworträtseln werden Umlaute ausgeschrieben und ß durch SS ersetzt (Ä → AE, Ö → OE, Ü → UE).

Anpfiff zur Wortsuche

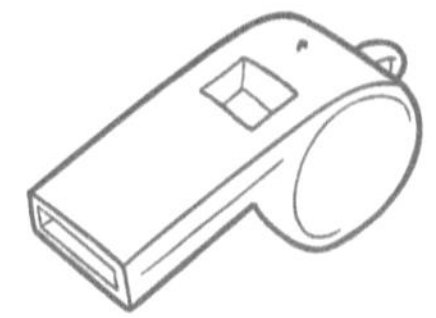

Die Hinrunde

In diesem Buchstabengitter haben sich 14 Fußballbegriffe versteckt. Du findest sie waagerecht und senkrecht sowie vorwärts und rückwärts. *(Lösungswörter siehe unten)*

B	C	D	F	G	H	I	C	R	X	R	E	J	A	K
F	W	I	X	T	T	R	A	W	R	O	T	G	I	X
U	P	H	D	R	V	E	H	J	M	P	U	E	H	A
O	X	I	L	I	N	R	D	G	E	F	D	K	A	Z
R	E	G	E	K	E	U	L	A	K	O	P	A	L	O
T	Z	M	F	O	S	C	A	B	O	S	H	L	E	T
I	G	A	H	T	A	E	B	U	K	T	A	R	I	H
W	J	E	T	A	R	R	S	A	C	E	S	E	R	T
E	U	H	E	T	X	P	E	W	M	N	A	N	I	L
C	N	P	D	I	J	E	I	R	T	O	C	I	T	U
K	U	A	F	R	E	I	T	O	S	S	Z	A	X	O
B	I	D	H	A	U	X	S	B	E	I	K	R	A	F
A	K	N	L	L	A	B	S	W	U	O	J	T	H	L
L	I	H	A	R	A	E	L	F	M	E	T	E	R	D
L	T	P	M	H	K	A	I	T	U	B	A	D	E	C

TRAINER TORWART ELFMETER FREISTOSS
ECKBALL ABSEITS FOUL RASEN
TRIKOT POKAL PFOSTEN BALL

Die Rückrunde

In der Rückrunde wird es etwas schwieriger, denn nun sind die Fußballbegriffe zusätzlich auch diagonal im Buchstabengitter versteckt. *(Lösungswörter siehe unten)*

R I W E K A R E M R E U T S O
U E S S U O I E N U S I E G J
T O T I B F P N E I T W O P I
I M E H E S A F V Z F I N U M
E I S A C P G A B P F I F F A
Z T Y W D I E S I A V J O M E
B L G A Z N R E N I L O V A T
L D N A B O W S L E T L S U T
A F O L V T T I D O R E U O A
H B I P B O E N U E O U F Y L
E G D A S I P R T J I T A M A
A L A S R U N S S Z W H D L R
D O T J I V O U Y G D F C S U
B A S R O T N E G I E N U S W
R E M I U B S P I E L E R G A

SPIELER STUERMER SIEG HALBZEIT
LIGA STADION EIGENTOR LATTE
ABPFIFF SCHIEDSRICHTER ANSTOSS KOPFBALL

Anpfiff zum Kreuzworträtsel

Die Hinrunde

Die Hinrunde beginnt. Ermittle das Lösungswort und finde heraus, woran der Schiedsrichter erkannt hat, dass mit dem Spieler etwas nicht stimmte. *(Lösung siehe nächste Seite)*

1. Man könnte annehmen, dass jeder etwas gegen ihn hat, weil er ständig getreten wird.
2. Der Untergrund, auf dem Fußball gespielt wird.
3. Verlängerung der Hoffnung oder des Leidens.
4. Eine besondere Art von Strafstoß.
5. Raum für 90 Minuten Ausnahmezustand.
6. Mittel zur Ergebnissicherung, die selten Applaus bekommt.
7. Beendet das Spiel offiziell.
8. Die Einheit, mit der sportlicher Erfolg in einer Tabelle festgehalten wird.
9. Die einzige Person auf dem Platz, die selten neutral wahrgenommen wird.

1. BALL
2. RASEN
3. NACHSPIELZEIT
4. ELFMETER
5. STADION
6. ZEITSPIEL
7. ABPFIFF
8. PUNKTE
9. SCHIEDSRICHTER

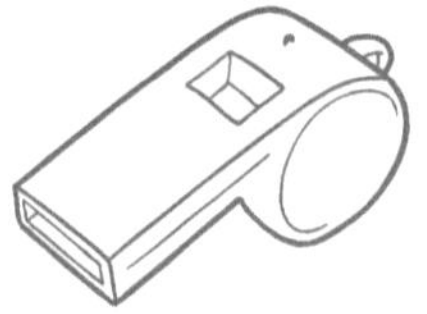

Die Rückrunde

Die Rückrunde beginnt. Ermittle, welche Maßnahme dem Spieler geholfen hat. *(Lösung siehe nächste Seite)*

1. Eine zweite Chance nach einem Regelverstoß.
2. Zwischen Held und Schuldiger liegen oft nur Zentimeter.
3. Ohne ihn läuft nichts an.
4. Synonym für das Wort „Ball“.
5. Der Moment, in dem ein Angriff endet, bevor er richtig beginnt.
6. Moment, in dem Absicht und Ergebnis auseinanderfallen.
7. Zeitpunkt, an dem Pläne geändert und Fehler erklärt werden.
8. Die Spielfortsetzung, wenn der Ball die Seitenlinie verlässt.

1. FREISTOSS
2. TORWART
3. ANPFIFF
4. LEDER
5. ABSEITS
6. EIGENTOR
7. HALBZEIT
8. EINWURF

Einer ist hier fehl am Platz?

1. **Welcher Begriff passt nicht?**

   a) Einwurf b) Eckball

   c) Abstoß d) Abseits

2. **Welcher Begriff passt nicht?**

   a) Eigentor b) Führungstor

   c) Ausgleichstor d) Abseitstor

3. **Welcher Begriff passt nicht?**

   a) Eckball b) Freistoß

   c) Abstoß d) Schiedsrichterball

4. **Welcher Begriff passt nicht?**

   a) Mittelkreis b) Strafraum

   c) Torraum d) Sechzehner

5. **Welcher Begriff passt nicht?**

   a) Abseits b) Handspiel

   c) Foul d) Einwurf

6. **Welcher Begriff passt nicht?**

a) Trainer b) Stürmer

c) Schiedsrichter d) Linienrichter

Lösungen:

1. d) Abseits, da es eine Regelentscheidung ist und Einwurf, Eckball und Abstoß Spielfortsetzungen sind.

2. d) Abseitstor, da Eigentor, Führungstor und Ausgleichstor reguläre Tore sind, die zählen.

3. b) Freistoß, da Eckball, Abstoß und Schiedsrichterball Spielfortsetzungen ohne vorheriges Vergehen sind.

4.d) Sechzehner, da es eine umgangssprachliche Bezeichnung für den Strafraum ist, während Mittelkreis, Strafraum und Torraum offizielle Spielfeldmarkierungen sind.

5. d) Einwurf, da es eine Spielfortsetzung ist und Abseits, Handspiel und Foul Regelverstöße bzw. Regelentscheidungen sind.

6. b) Stürmer, da es sich um eine Spielerposition auf dem Feld handelt, während Trainer, Schiedsrichter und Linienrichter keine Spieler, sondern offizielle Funktionen im Spiel ausüben.

Schiri, da stimmt was nicht!

Finde die 6 Unterschiede

(LÖSUNG DREI SEITEN WEITER)

Schiri, da stimmt was nicht!

Finde die 6 Unterschiede

(LÖSUNG ZWEI SEITEN WEITER)

Lösung der Hinrunde

Lösung der Rückrunde

Dribbel durch die Abwehr

Die Hinrunde

Führe den Ball ins Tor und spiele dich dabei in einem Zug an der Abwehr vorbei. Verbinde dabei alle Bälle, ohne den Stift abzusetzen. Du darfst nur nach oben, unten, links oder rechts dribbeln. Diagonale Bewegungen sind nicht erlaubt. Die Abwehrspieler dürfen weder berührt noch überquert werden. *(Lösung siehe nächste Seite)*

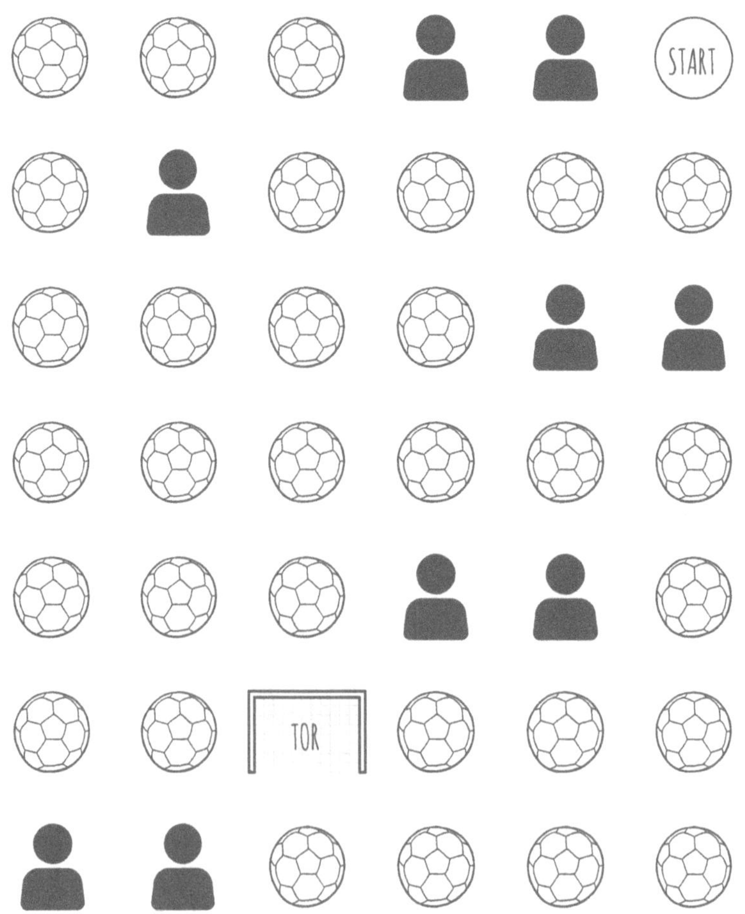

Die Rückrunde

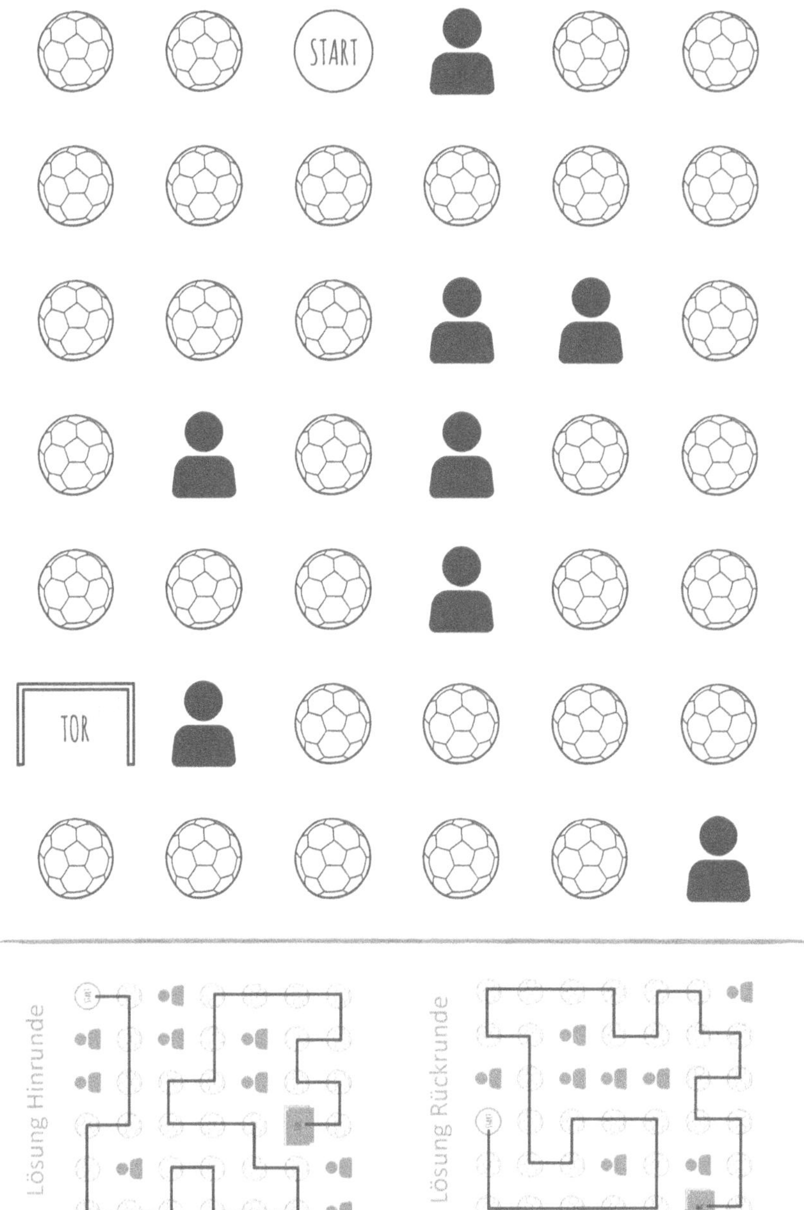

Klobyrinth

Die Hinrunde

Ein sauberer Lauf durchs Klobyrinth führt zum Tor. Ein falscher Schritt, und der Ball landet im Scheiß-Aus … pardon, im Scheißhaus. *(Lösung zwei Seiten weiter)*

Die Rückrunde

Ball zurück auf Start.

Lösung Rückrunde
Lösung Hinrunde

Direktabnahme

Nicht annehmen. Nicht überlegen. Einfach sagen, was du denkst.

(Lösungen siehe unten)

1. Das sind wirklich schön runde Bälle. Aber welcher der beiden mittleren Bälle ist eigentlich der größere?

2. Was läuft um ein Fußballfeld herum, bewegt sich aber nie?

3. Zwei Fußballmannschaften spielen gegeneinander. Die Heimmannschaft gewinnt, obwohl kein Mann aus beiden Teams ein Tor geschossen hat. Wie kann das sein?

Lösung 1.: Beide Bälle sind gleichgroß. Es ist eine optische Täuschung.

Lösung 2.: Ein Zaun.

Lösung 3.: Es waren Frauenfußballmannschaften.

Sokloku

Wie heißt es noch so schön? Das Runde muss ins Eckige. Beweise dein Können und mach den Kasten voll. Neun Spieler, neun Positionen: In jeder Reihe, Spalte und jedem Block darf jede Nummer nur einmal stehen. *(Lösung siehe nächste Seite)*

2				8	7			6
6				9	4			2
8		4	1		2		9	3
	1		4		3	6		
		6	8		9	4		
		5	7		6		2	
9	3		6		5	1		4
1			9	4				5
5			2	3				7

			4	5			3	
1				2	7			
							7	
9	1		3			8		
3							9	
6	8	7			9			5
5	9			7			8	
	6				1			2
7	4					5	6	9

Lösung 1

2	9	1	3	8	7	5	4	6
6	7	3	5	9	4	8	1	2
8	5	4	1	6	2	7	9	3
7	1	9	4	2	3	6	5	8
3	2	6	8	5	9	4	7	1
4	8	5	7	1	6	3	2	9
9	3	2	6	7	5	1	8	4
1	6	7	9	4	8	2	3	5
5	4	8	2	3	1	9	6	7

Lösung 2

2	7	8	4	5	6	9	3	1
1	3	6	9	2	7	4	5	8
4	5	9	1	8	3	2	7	6
9	1	4	3	6	5	8	2	7
3	2	5	7	1	8	6	9	4
6	8	7	2	4	9	3	1	5
5	9	2	6	7	4	1	8	3
8	6	3	5	9	1	7	4	2
7	4	1	8	3	2	5	6	9

Rechne dich zum Sieg

Die Hinrunde

Nicht jeder Spielzug ist berechenbar. Dieses Rätsel schon. Finde heraus, welchen Wert die Fußballsymbole haben, und löse das Rätsel. *(Lösung siehe nächste Seite)*

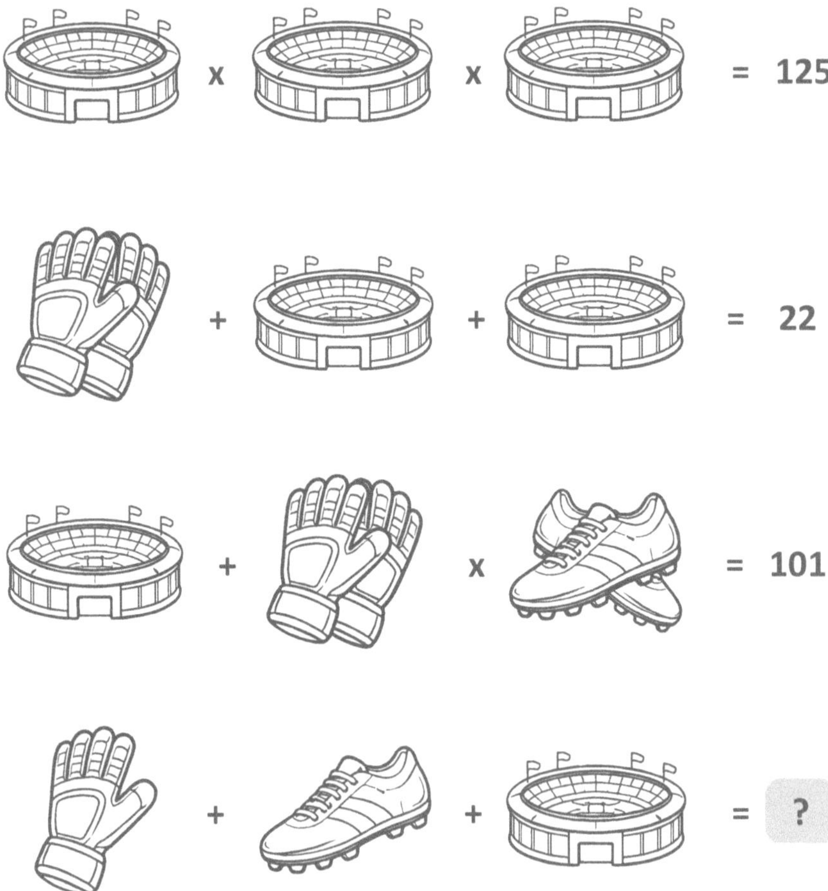

Die Rückrunde

+ + = 30

+ + = 20

+ + = 13

+ x = ?

Lösung Hinrunde

5 x 5 x 5 = 125 → STADION = 5

12 + 5 + 5 = 22 → Handschuhe = 12

5 + (12 x 8) = 101 → Schuhe = 8

6 + 4 + 5 = 15 → Ergebnis = 15

Lösung Rückrunde

10 + 10 + 10 = 30 → Schuhe = 10

5 + 5 + 10 = 20 → Schirri = 5

4 + 4 + 5 = 101 → 2 x Pfeifen = 4

5 + (19 x 2) = 43 → Ergebnis = 43

Achtung:DerSchiriträgtinderletz-ten Zeile zwei Schuhe und zwei Pfeifen.

Ein Date mit Verlängerung?

Rätseln kann ganz schön herausfordernd sein. Manchmal braucht der Kopf einfach eine Pause. Gönn dir diese kleine Auszeit und fülle die Geschichte so aus, wie du es für richtig hältst.

Hier gibt es kein Richtig oder Falsch. Du entscheidest selbst, ob aus dem Date ein Volltreffer oder ein Eigentor wird. Also: Schieß los!

Liebe, Leder und ein stilles Örtchen

Es ist so weit. Dein erstes Date mit ______ steht an. Da Ehrlichkeit die Basis jeder Beziehung ist, hast du von Anfang an klargestellt, dass du Romantik liebst. Und für wahre Romantik darf beim ersten Date eines natürlich nicht fehlen: der Fußball.

Da du einen guten Eindruck hinterlassen möchtest, hast du ______ angezogen und sogar an ______ gedacht.

Also trefft ihr euch nicht im Café, nicht im Restaurant, sondern ______. Ein mutiger Vorschlag. Aber wahre Liebe beginnt bekanntlich mit ______.

Ihr bestellt ______ und ______.

Das Spiel läuft, die Stimmung ist gut. Ihr versteht euch ______________________, und für einen kurzen Moment denkst du: ______________________ ______________.

Dann beginnt die zweite Halbzeit.

Kurz nach dem Treffer zum __________ meldet sich plötzlich dein Magen. Erst leise. Dann nachdrücklicher. Schließlich unüberhörbar.

Du versuchst, ruhig zu bleiben. Schließlich willst du nicht die Person sein, die beim ersten Date wegen ______________________ das Weite sucht. Also nickst du interessiert, während du ______________________.

Noch ___ Minuten bis zum Abpfiff. Doch dann passiert es: Ein Pups entwich.

Du stehst auf und sagst ______________________. Dein Date lächelt und meint ______________ ______________.

Auf dem Weg zur Toilette wird dir klar: Das hier ist kein gewöhnlicher Gang. Hier gibt es Nachspielzeit. Doch es kommt noch schlimmer, und ______________________.

Du bekommst Panik und fragst dich, was du jetzt tun sollst. Die einzige Lösung scheint nur noch ______________________.

In genau diesem Moment klopft dein Date an die Toilettentür und fragt: „ ______________________________ ?"

Die Situation ist dir wahnsinnig unangenehm. Du ______________________________ und versuchst, ruhig zu bleiben. ______________________________ fühlt sich plötzlich wie eine gute Idee an.

Als du von der Toilette zurückkommst, ist das Spiel bereits vorbei.

Das Ergebnis: ______________ .
Du sagst nur: „ ______________ ."

Ihr verabschiedet euch mit ______________________________ . Ein zweites Date wird ______________________________ .

Man sagt, man erinnert sich immer an das erste Date. Jetzt weißt du auch, warum.

TIPP:

Bei Blähungen immer dem Hund die Schuld geben.

Auch wenn keiner im Raum ist.

Apropos Dating:

Manche Dinge sollte man beim Date einfach nicht dem Zufall überlassen.

7

Klugscheißer-Quiz

Dieses Kapitel versammelt Wissen, das selten gefragt und häufig ungefragt geteilt wird. Perfekt für alle, die gerne klugscheißen.

Unnützes Fußballwissen & Kuriositäten

Fakten, Zahlen und Geschichten, die man nicht braucht aber nie wieder vergisst. *(Lösungen immer unten)*

1. Welcher Spieler war als „Der Bomber der Nation" bekannt?

a) Miroslav Klose b) Jürgen Klinsmann

c) Gerd Müller d) Jamal Musiala

2. Was erhielt die deutsche Männer-Fußballnationalmannschaft beim WM-Sieg 1974 zusätzlich zur Prämie von 70.000 D-Mark?

a) Urlaubsreise mit Familie b) Uhr

c) Farbfernseher d) VW Käfer

3. Wie lang muss ein Fußballfeld bei internationalen Spielen mindestens sein?

a) 80 m b) 90 m

c) 100 m d) 110 m

1. c) Gerd Müller
2. d) VW Käfer[32]
3. c) 100 m

4. Wie breit muss ein Fußballfeld bei internationalen Spielen mindestens sein?

a) 52 m
b) 56 m
c) 60 m
d) 64 m

5. Wie hieß das erste FIFA-Videospiel?

a) FIFA Soccer '96
b) FIFA International Soccer
c) FIFA 64
d) FIFA World Cup

6. Wer gewann die erste Fußball-Weltmeisterschaft 1930?

a) Brasilien
b) Uruguay
c) Argentinien
d) Italien

7. In welchem Land wurde das Fußballspiel erfunden?

a) Deutschland
b) Brasilien
c) Großbritannien
d) Spanien

---

4. d) 64m
5. b) FIFA International Soccer (erschien 1993)
6. b) Uruguay
7. c) Großbritannien: Der moderne Fußball entstand im 19. Jahrhundert in Großbritannien, wo 1863 in London mit der Gründung des ersten Fußballverbands die Regeln vereinheitlicht wurden.

8. Bei welcher Fußball-Weltmeisterschaft wurde zum letzten Mal ein offizieller Spielball mit traditioneller Lederhülle verwendet?

a) 1968 b) 1978

c) 1982 d) 1990

9. Welcher Trainer durfte nicht "Bundestrainer" genannt werden?

a) Rudi Völler b) Berti Vogts

c) Jürgen Klinsmann d) Franz Beckenbauer

10. Wie viele Liter weiße Linienfarbe werden benötigt, um ein reguläres 11-gegen-11-Fußballfeld mit einer professionellen Linienmarkiermaschine zu markieren?

a) ca. 2-4 Liter b) ca. 15-20 Liter

c) ca. 15-20 Liter d) ca. 45-50 Liter

---

8. c) 1982 - der Adidas Tango España.

9. d) Franz Beckenbauer hatte keine Trainerlizenz und durfte deshalb offiziell nicht Bundestrainer sein. Er wurde als „Teamchef" eingesetzt und führte die Nationalmannschaft 1990 zum WM-Titel.

10. a) ca. 2-4 Liter

11. Welche Mannschaft holte den ersten WM-Titel im Frauenfußball?

a) Schweden b) USA
c) Brasilien d) Deutschland

12. In welchem Jahr fiel der Startschuss für die Fußball-Bundesliga?

a) 1954 b) 1958
c) 1963 d) 1970

13. Wie hieß der offizielle Spielball der Fußball-WM 2014 in Brasilien?

a) Jabulani b) Brazuca
c) Carioca d) Bombola

14. In welchem Jahr wurde die rote Karte eingeführt?

a) 1950 b) 1956
c) 1962 d) 1970

---

11. b) USA - Gewinnerinnen der Frauen-WM 1991.
12. c) 1963
13. b) Brazuca
14. d) 1970 - zur WM in Mexiko und später auch vom DFB übernommen.

15. Bei der Fußball-Weltmeisterschaft 2014 in Brasilien wurde erstmals ein zuvor umstrittenes Hilfsmittel offiziell eingesetzt. Welches war es?

a) Elektronische Abseitslinie b) Freistoß-Spray
c) Schirri-Headset-Verbindung d) Video-Beweis

16. Wo, wenn nicht hier, stellt sich diese Frage: Wie viele Toiletten hat eigentlich die Allianz Arena?

a) 316 b) 816
c) 1.121 d) 2.316

17. Genug von den sanitären Anlagen. Zurück zu dem Ort, wo Bremsspuren zu Hause sind. Und damit zur Frage, wie groß ist die Fläche des verlegten Rollrasens in der Allianz-Arena?

a) ca. 800 m^2 b) ca. 4.000 m^2
c) ca. 8.000 m^2 d) ca. 16.000 m^2

---

15. b) Freistoß-Spray[33]

16. c) 1.121[34]

17. c) 8.000 m^2, denn der Rasen der Allianz Arena misst 72 m × 111 m, gerundet ergibt das rund 8.000 m^2.[34]

18. Wie viele Spieler muss eine Mannschaft mindestens auf dem Platz haben, damit ein reguläres Fußballspiel angepfiffen werden darf?

a) 5 b) 7

c) 9 d) 11

19. Wer war der Trainer der deutschen Mannschaft bei der WM 2006?

a) Jürgen Klinsmann b) Joachim Löw

c) Hansi Flick d) Rudi Völler

20. Warum war Deutschland bei der Weltmeisterschaft 1950 nicht dabei?

a) Weil der DFB noch kein Mitglied der FIFA war

b) Aufgrund finanzieller Probleme des Verbands

c) Wegen eines gescheiterten Qualifikationsturniers

d) Wegen interner Streitigkeiten im DFB

---

18. b) 7

19. a) Jürgen Klinsmann

20. a) Weil der DFB noch kein Mitglied der FIFA war. Der DFB wurde erst nach Ende der WM 1950 wieder in die FIFA aufgenommen.

21. Welche Grashalmlänge sollte im Profifußball laut UEFA nicht überschritten werden?

a) 15 mm b) 20 mm

c) 25 mm d) 30 mm

22. In der Bundesliga-Saison 2017/2018 feierte das Eigentor Jubiläum. Das wievielte Eigentor fiel damals?

a) 100ste b) 500ste

c) 1000ste d) 2000ste

23. Wie schnell kann eine La-Ola-Welle im Stadion werden?

a) ca. 1–10 km/h b) ca. 10–30 km/h

c) ca. 30–50 km/h d) über 65 km/h

21. d) 30 mm für Naturrasenplätze gemäß UEFA Stadium & Pitch Maintenance Guidelines

22. c) 1000ste

23. c) ca. 30–50 km/h. La Ola Wellen können sich mit etwa 20 Sitzen pro Sekunde ausbreiten, was je nach Sitzabstand einer Geschwindigkeit von rund 40 km/h entspricht.

24. In welchem Jahr leitete erstmals eine Frau ein Spiel bei einer Fußball-Weltmeisterschaft der Männer?

a) 2010 b) 2014

c) 2018 d) 2022

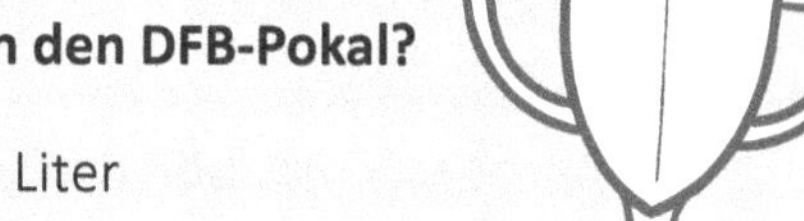

25. Wie viele Liter Bier passen in den DFB-Pokal?

a) 3 Liter b) 5 Liter

c) 8 Liter d) 12 Liter

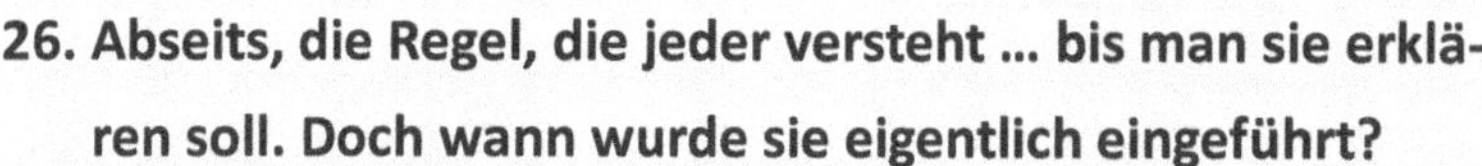

26. Abseits, die Regel, die jeder versteht … bis man sie erklären soll. Doch wann wurde sie eigentlich eingeführt?

a) 1848 b) 1863

c) 1925 d) 1990

27. Wie viele Sitzplätze müssen in einem Bundesliga-Stadion mindestens vorhanden sein?

a) 4.000 b) 8.000

c) 12.000 d) 15.000

---

24. d) 2022

25. c) 8 Liter[35]

26. b) 1863 erstmals festgeschrieben und später mehrfach angepasst.

27. b) 8000 - die DFL-Stadionanforderungen sehen vor, dass Bundesliga-Stadien mindestens 15.000 Plätze haben, davon mindestens 8.000 Sitzplätze.

Regelkunde für Klugscheißer

Alle glauben, sie kennen die Fußballregeln. Beweise es hier oder frische dein Wissen auf, damit du beim nächsten Spiel nicht reinscheißt, sondern souverän klugscheißt. *(Lösungen immer unten)*

1. Stimmt es, dass Indien bei der Fußball-Weltmeisterschaft 1950 nicht antrat, weil das damalige FIFA-Regelwerk Barfußspielen untersagte?

☐ Ja ☐ Nein

2. Kann die gegnerische Mannschaft anstoßen, wenn das andere Team beim Torjubel vollständig das Spielfeld verlassen hat?

☐ Ja ☐ Nein

---

1. Nein, dieser hartnäckige Mythos stimmt nicht. Seriöse Rückblicke von FIFA, BBC und The Guardian zeichnen ein nüchterneres Bild. Ausschlaggebend für die Nichtteilnahme waren vor allem hohe Reisekosten, organisatorische Probleme und mangelnde Vorbereitung. Das Barfuß-Verbot blieb letztlich vor allem eines: eine gut erzählte Fußballlegende.

2. Nein. Ein Anstoß darf erst erfolgen, wenn der Schiedsrichter das Spiel freigibt und beide Mannschaften vollständig in ihren jeweiligen eigenen Spielhälften stehen.

3. Kann ein Spieler wegen folgenden Verhaltens die Rote Karte sehen?

a) Ein Spieler schubst sein Teammitglied absichtlich.

☐ Ja ☐ Nein

b) Ein Spieler wird gegenüber seines Teamkollegen verbal ausfallend.

☐ Ja ☐ Nein

4. Zählt ein Elfmetertor in diesen Situationen?

a) Der Elfmeterschütze legt den Ball quer oder nach hinten zu einem Mitspieler ab.

☐ Ja ☐ Nein

b) Der Elfmeterschütze spielt den Ball nach vorne ab, der Mitspieler läuft erst nach dem Abspiel los und erzielt das Tor.

☐ Ja ☐ Nein

---

3. a) Ja b) Ja

Nach den Regeln des International Football Association Board (IFAB) kann jedes Fehlverhalten zur Roten Karte führen, auch gegen Mitspieler, etwa bei Tätlichkeiten oder grob unsportlichen Äußerungen.

4. a) Nein b) Ja

Nach IFAB-Regeln darf ein Elfmeter abgespielt werden, wenn der Ball nach vorne gespielt wird. Der Mitspieler muss dabei klar außerhalb des Strafraums bleiben und darf erst nach der Ausführung in Richtung Ball laufen. Läuft er zu früh los, ist der Treffer ungültig.

5. Zählen diese Freistöße oder Abstöße als Tor?

a) Ein Freistoß wird zurück zum eigenen Tor gespielt und landet ohne weitere Berührung im eigenen Tor.

☐ Ja ☐ Nein

b) Ein Abstoß misslingt und fliegt direkt ins eigene Tor.

☐ Ja ☐ Nein

6. Muss eine Mannschaft mit 10 statt 11 Spielern in die Partie starten, wenn ein Spieler vor Spielbeginn eine rote Karte erhält?

☐ Ja ☐ Nein

7. Darf eine Mannschaft einen Freistoß verteidigen, indem sie alle 11 Spieler ins Tor stellt?

☐ Ja ☐ Nein

---

7. Ja. Die Spielregeln schreiben nicht vor, wie viele verteidigende Spieler sich auf oder vor der eigenen Torlinie aufhalten dürfen. Theoretisch darf sich daher die gesamte Mannschaft dort positionieren.

6. Nein, der ausgeschlossene Spieler darf vor dem Anpfiff durch einen Ersatzspieler ersetzt werden. Die Mannschaft startet weiterhin mit 11 Spielern.

5. a) Nein b) Nein
Aus Abstoß sowie aus direkten und indirekten Freistößen kann kein direktes Eigentor erzielt werden. Geht der Ball ohne weitere Berührung ins eigene Tor, wird das Spiel mit Eckstoß für den Gegner fortgesetzt.

8. Zählt ein Tor, wenn der Ball nach einem Einwurf direkt ins gegnerische Tor fliegt?

a) Das entscheidet der Schiedsrichter.

b) Nein, ein direktes Tor aus einem Einwurf ist nicht erlaubt.

c) Natürlich, Tor ist Tor.

d) Ja, ab einer Entfernung von 35 m.

9. Zählt ein Tor, wenn der Schiedsrichter den Ball abgefälscht hat?

a) Nein, das Tor darf nicht zählen.

b) Ja, das Tor ist gültig.

c) Der Schiedsrichter entscheidet situativ

d) Für diesen Fall existiert keine Regel.

---

8. b) Nein

Nach IFAB-Regeln kann aus einem Einwurf kein Tor erzielt werden. Gelangt der Ball ohne weitere Berührung direkt ins gegnerische Tor, wird das Spiel mit Abstoß für die verteidigende Mannschaft fortgesetzt.

9. c) Der Schiedsrichter entscheidet situativ.

Nicht jede Berührung des Schiedsrichters ist relevant. Ein Tor zählt nur dann nicht, wenn die Schiedsrichterberührung kausal für das Tor ist. Streift der Ball den Schiedsrichter ohne wesentliche Auswirkung auf Flugbahn oder Situation, bleibt das Tor gültig.

Fußballzitate

Wer kennt sie nicht: die legendären Interviews direkt nach dem Spiel. Wenn Spieler noch außer Atem sind, der Puls auf Anschlag ist und das Mikrofon schon wartet, entstehen Fußballzitate für die Ewigkeit.

Manche Sprüche sind klug, viele unfreiwillig komisch und einige einfach nur Kult. Die Frage ist nur: Wer hat das wirklich gesagt? *(Lösungen immer unten)*

Ordne die Zitate der richtigen Person zu und lass dich nicht entmutigen, wenn du mal nicht auf die Lösung kommst. Denn wie Lothar Matthäus einst lehrte:

1. „So ist Fußball. Manchmal gewinnt der Bessere."

a) Felix Magath

b) Julian Nagelsmann

c) Lukas Podolski

2. Trainer: „Ein Spiel ist erst vorbei, wenn der Schiedsrichter pfeift und ich nicht mehr brülle."

a) Vincent Kompany

b) Jürgen Klopp

c) Steffen Baumgart

3. Zitat eines Ex-Spielers: „Früher hab' ich 80 Minuten zu-geguckt, heute 90."

a) Jérôme Boateng

b) Nils Petersen

c) Jonas Hector

4. „Im Kölner Stadion ist immer so eine super Stimmung, da stört eigentlich nur die Mannschaft."

a) Udo Lattek

b) Christoph Daum

c) Friedhelm Funkel

---

1. c) Lukas Podolski (2006), nach der 0:2-Niederlage im WM-Halbfinale gegen Italien.[36]
2. c) Steffen Baumgart (2021).[36]
3. b) Nils Petersen (2025), nach Beendigung seiner Bundesliga-Karriere.[36]
4. a) Udo Lattek (2010).[36]

5. „Bei unserer Qualität macht es keinen Sinn, Spiele zu verlieren."

a) Horst Hrubesch

b) Rudi Völler

c) Uli Hoeneß

6. „Die Schweden sind wie die Mittdreißiger in der Disco: Hinten reinstellen und warten, ob sich was ergibt."

a) Mario Basler

b) Thomas Hitzlsperger

c) Mehmet Scholl

7. „Ich habe dem Linienrichter meine Brille angeboten. Aber auch das hat er nicht gesehen."

a) Thomas Müller

b) Peter Stöger

c) Christian Streich

---

5. a) Horst Hrubesch (2024) über die DFB-Frauen[36]

6. b) Thomas Hitzlsperger (2018), vor dem WM-Spiel Schweden gegen Deutschland.[36]

7.c) Peter Stöger (2016) nach der 0:1-Pleite gegen Hannover 96, deren entscheidendes Tor durch ein Handspiel erzielt wurde.[36]

8. „Ich hatte zwischendurch Angst, dass er sich wund liegt und mal gewendet werden muss."

a) Mehmet Scholl

b) Stefan Effenberg

c) Mario Basler

9. „Dann kam das Elfmeterschießen. Wir hatten alle die Hosen voll, aber bei mir lief's ganz flüssig."

a) Andreas Brehme

b) Paul Breitner

c) Christian Streich

10. „Die schönsten Tore sind diejenigen, bei denen der Ball schön flach oben reingeht."

a) Miroslav Klose

b) Oliver Kahn

c) Mehmet Scholl

---

8. a) Mehmet Scholl (2012), über Mario Gomez im Anschluss an den 1:0-Sieg zum EM-Auftakt gegen Portugal.[36]

9. b) Paul Breitner (1982) bei der Weltmeisterschaft in Spanien, nach dem legendären Halbfinale der DFB-Elf gegen Frankreich.[37]

10. c) Mehmet Scholl (2001).[38]

Bis hierhin durchgehalten? Stark. Dann gibt's jetzt den Videobeweis zu ein paar echten Zitatklassikern. Beste Unterhaltung für die Sitzpause.

11. „I think we have a grandios Saison gespielt!"

a) Philipp Lahm

b) Kevin Großkreutz

c) Roman Weidenfeller

12. „Mal ist man der Hund, mal ist man der Baum"

a) Lothar Matthäus

b) Mario Götze

c) Oliver Kahn

13. „Diese Antwort brauchen Sie mir nicht zu stellen."

a) Franz Beckenbauer

b) Kevin Kuranyi

c) Felix Magath

---

11. c) Roman Weidenfeller (2011), nach dem entscheidenden Sieg um die Meisterschaft
12. b) Mario Götze (2016), während der EM in Frankreich
13. b) Kevin Kuranyi (2005), in einem Interview.

14. „Ich denke, 80 % von euch und ich kraulen sich auch mal an den Eiern, von daher ist alles gut."

a) Lukas Podolski

b) Cristiano Ronaldo

c) Mario Basler

15. „Eier. Eier, wir brauchen Eier."

a) Oliver Kahn

b) Stefan Effenberg

c) Bastian Schweinsteiger

---

14. a) Lukas Podolski (2016), während einer Pressekonferenz der deutschen Nationalmannschaft bei der EM in Frankreich.

15. a) Oliver Kahn (2003), nach der 0:2-Niederlage des FC Bayern München gegen FC Schalke 04.

8

Gästebuch für meine Stammelf

Der Ort, an dem große Gedanken auf sozial fragwürdige Seiten treffen. Geistiger Dünnschiss ist hier herzlich willkommen, physischer möge bitte seinen Platz in der Toilette finden.

Fußballinteresse	Besuchsgrund	Papierverbrauch
☐ Ultra	☐ Nummer 1	☐ keinen
☐ Stadionbier	☐ Nummer 2	☐ sparsam
☐ Nur WM	☐ Hände waschen	☐ mittel
☐ gar keins	☐ nachschminken	☐ Champions League
☐	☐	☐ ....

Welcher Kack-Typ bist du?

- ☐ der Genießer
- ☐ der Schnelle
- ☐ der Handy-Typ
- ☐ der Denker
- ☐ die Duftkerze
- ☐ der Sänger
- ☐ einfach ein Kacktyp
- ☐ der mit Nachspielzeit
- ☐ ....

Klo-Weisheit

Mutig ist, wer Durchfall hat
und trotzdem furzt.

Platz für deine Weisheiten, Witze, Zeichnungen oder alles, was die Nachwelt unbedingt wissen muss:

MEIN GESICHT WÄHREND DER SITZUNG

Datum: .... Uhrzeit: ....

Name: ....

Fan von: ....

Fußballinteresse	Besuchsgrund	Papierverbrauch
☐ Ultra	☐ Nummer 1	☐ keinen
☐ Stadionbier	☐ Nummer 2	☐ sparsam
☐ Nur WM	☐ Hände waschen	☐ mittel
☐ gar keins	☐ nachschminken	☐ Champions League
☐	☐	☐ ....

Welcher Kack-Typ bist du?

- ☐ der Genießer
- ☐ der Denker
- ☐ einfach ein Kacktyp
- ☐ der Schnelle
- ☐ die Duftkerze
- ☐ der mit Nachspielzeit
- ☐ der Handy-Typ
- ☐ der Sänger
- ☐ ....

Klo-Weisheit

Toilettenpapier beidseitig benutzen?
Der Erfolg liegt auf der Hand.

Platz für deine Weisheiten, Witze, Zeichnungen oder alles, was die Nachwelt unbedingt wissen muss:

MEIN GESICHT WÄHREND DER SITZUNG

Datum: .... Uhrzeit: ....

Name: ....

Fan von: ....

Fußballinteresse

- ☐ Ultra
- ☐ Stadionbier
- ☐ Nur WM
- ☐ gar keins
- ☐ ....

Besuchsgrund

- ☐ Nummer 1
- ☐ Nummer 2
- ☐ Hände waschen
- ☐ nachschminken
- ☐ ....

Papierverbrauch

- ☐ keinen
- ☐ sparsam
- ☐ mittel
- ☐ Champions League
- ☐ ....

Welcher Kack-Typ bist du?

- ☐ der Genießer
- ☐ der Schnelle
- ☐ der Handy-Typ
- ☐ der Denker
- ☐ die Duftkerze
- ☐ der Sänger
- ☐ einfach ein Kacktyp
- ☐ der mit Nachspielzeit
- ☐ ....

Klo-Weisheit

Manche Dinge lernt man erst zu schätzen,
wenn sie nicht mehr da sind.
Klopapier zum Beispiel.

Platz für deine Weisheiten, Witze, Zeichnungen oder alles, was die Nachwelt unbedingt wissen muss:

MEIN GESICHT WÄHREND DER SITZUNG

Datum: .... Uhrzeit: ....

Name: ....

Fan von: ....

Fußballinteresse	Besuchsgrund	Papierverbrauch
☐ Ultra	☐ Nummer 1	☐ keinen
☐ Stadionbier	☐ Nummer 2	☐ sparsam
☐ Nur WM	☐ Hände waschen	☐ mittel
☐ gar keins	☐ nachschminken	☐ Champions League
☐	☐	☐ ....

Welcher Kack-Typ bist du?

- ☐ der Genießer
- ☐ der Schnelle
- ☐ der Handy-Typ
- ☐ der Denker
- ☐ die Duftkerze
- ☐ der Sänger
- ☐ einfach ein Kacktyp
- ☐ der mit Nachspielzeit
- ☐ ....

Klo-Weisheit

Männer mit Niveau sitzen auf dem Klo.

Platz für deine Weisheiten, Witze, Zeichnungen oder alles, was die Nachwelt unbedingt wissen muss:

MEIN GESICHT WÄHREND DER SITZUNG

Datum: .... Uhrzeit: ....

Name: ....

Fan von: ....

Fußballinteresse	Besuchsgrund	Papierverbrauch
☐ Ultra	☐ Nummer 1	☐ keinen
☐ Stadionbier	☐ Nummer 2	☐ sparsam
☐ Nur WM	☐ Hände waschen	☐ mittel
☐ gar keins	☐ nachschminken	☐ Champions League
☐	☐	☐ ....

Welcher Kack-Typ bist du?

- ☐ der Genießer
- ☐ der Schnelle
- ☐ der Handy-Typ
- ☐ der Denker
- ☐ die Duftkerze
- ☐ der Sänger
- ☐ einfach ein Kacktyp
- ☐ der mit Nachspielzeit
- ☐ ....

Klo-Weisheit

Shit Happens! Erst recht auf dem Klo.

Platz für deine Weisheiten, Witze, Zeichnungen oder alles, was die Nachwelt unbedingt wissen muss:

MEIN GESICHT WÄHREND DER SITZUNG

Datum: .... Uhrzeit: ....

Name: ....

Fan von: ....

Fußballinteresse

- ☐ Ultra
- ☐ Stadionbier
- ☐ Nur WM
- ☐ gar keins
- ☐ ....

Besuchsgrund

- ☐ Nummer 1
- ☐ Nummer 2
- ☐ Hände waschen
- ☐ nachschminken
- ☐ ....

Papierverbrauch

- ☐ keinen
- ☐ sparsam
- ☐ mittel
- ☐ Champions League
- ☐ ....

Welcher Kack-Typ bist du?

☐ der Genießer ☐ der Denker ☐ einfach ein Kacktyp

☐ der Schnelle ☐ die Duftkerze ☐ der mit Nachspielzeit

☐ der Handy-Typ ☐ der Sänger ☐ ....

Klo-Weisheit

Siehst du die Reste deiner Würste,
sei so nett und nutz die Bürste.

Platz für deine Weisheiten, Witze, Zeichnungen oder alles, was die Nachwelt unbedingt wissen muss:

Fußballinteresse	Besuchsgrund	Papierverbrauch
☐ Ultra	☐ Nummer 1	☐ keinen
☐ Stadionbier	☐ Nummer 2	☐ sparsam
☐ Nur WM	☐ Hände waschen	☐ mittel
☐ gar keins	☐ nachschminken	☐ Champions League
☐	☐	☐ ....

Welcher Kack-Typ bist du?

- ☐ der Genießer
- ☐ der Denker
- ☐ einfach ein Kacktyp
- ☐ der Schnelle
- ☐ die Duftkerze
- ☐ der mit Nachspielzeit
- ☐ der Handy-Typ
- ☐ der Sänger
- ☐ ....

Klo-Weisheit

Klopapier spielt eine wichtige ROLLE im Leben.

Platz für deine Weisheiten, Witze, Zeichnungen oder alles, was die Nachwelt unbedingt wissen muss:

Fußballinteresse

- ☐ Ultra
- ☐ Stadionbier
- ☐ Nur WM
- ☐ gar keins
- ☐ ....

Besuchsgrund

- ☐ Nummer 1
- ☐ Nummer 2
- ☐ Hände waschen
- ☐ nachschminken
- ☐ ....

Papierverbrauch

- ☐ keinen
- ☐ sparsam
- ☐ mittel
- ☐ Champions League
- ☐ ....

Welcher Kack-Typ bist du?

- ☐ der Genießer
- ☐ der Denker
- ☐ einfach ein Kacktyp
- ☐ der Schnelle
- ☐ die Duftkerze
- ☐ der mit Nachspielzeit
- ☐ der Handy-Typ
- ☐ der Sänger
- ☐ ....

Klo-Weisheit

"Next-Level-Shit" bekommt auf dem Klo eine ganz neue Bedeutung.

Platz für deine Weisheiten, Witze, Zeichnungen oder alles, was die Nachwelt unbedingt wissen muss:

MEIN GESICHT WÄHREND DER SITZUNG

Datum: .... Uhrzeit: ....

Name: ....

Fan von: ....

Fußballinteresse	Besuchsgrund	Papierverbrauch
☐ Ultra	☐ Nummer 1	☐ keinen
☐ Stadionbier	☐ Nummer 2	☐ sparsam
☐ Nur WM	☐ Hände waschen	☐ mittel
☐ gar keins	☐ nachschminken	☐ Champions League
☐	☐	☐ ....

Welcher Kack-Typ bist du?

- ☐ der Genießer
- ☐ der Schnelle
- ☐ der Handy-Typ
- ☐ der Denker
- ☐ die Duftkerze
- ☐ der Sänger
- ☐ einfach ein Kacktyp
- ☐ der mit Nachspielzeit
- ☐ ....

Klo-Weisheit

Ein Klo hat einen Scheißjob, jeden Tag mit Arschlöchern zu tun und beschwert sich trotzdem nie. Also bleib positiv.

Platz für deine Weisheiten, Witze, Zeichnungen oder alles, was die Nachwelt unbedingt wissen muss:

MEIN GESICHT WÄHREND DER SITZUNG

Datum: .... Uhrzeit: ....

Name: ....

Fan von: ....

Fußballinteresse

- ☐ Ultra
- ☐ Stadionbier
- ☐ Nur WM
- ☐ gar keins
- ☐ ....

Besuchsgrund

- ☐ Nummer 1
- ☐ Nummer 2
- ☐ Hände waschen
- ☐ nachschminken
- ☐ ....

Papierverbrauch

- ☐ keinen
- ☐ sparsam
- ☐ mittel
- ☐ Champions League
- ☐ ....

Welcher Kack-Typ bist du?

- ☐ der Genießer
- ☐ der Schnelle
- ☐ der Handy-Typ
- ☐ der Denker
- ☐ die Duftkerze
- ☐ der Sänger
- ☐ einfach ein Kacktyp
- ☐ der mit Nachspielzeit
- ☐ ....

Klo-Weisheit

Wie lange eine Minute sein kann, hängt davon ab, auf welcher Seite der Toilettentür du dich befindest.

Platz für deine Weisheiten, Witze, Zeichnungen oder alles, was die Nachwelt unbedingt wissen muss:

Fußballinteresse	Besuchsgrund	Papierverbrauch
☐ Ultra	☐ Nummer 1	☐ keinen
☐ Stadionbier	☐ Nummer 2	☐ sparsam
☐ Nur WM	☐ Hände waschen	☐ mittel
☐ gar keins	☐ nachschminken	☐ Champions League
☐	☐	☐ ....

Welcher Kack-Typ bist du?

- ☐ der Genießer
- ☐ der Schnelle
- ☐ der Handy-Typ
- ☐ der Denker
- ☐ die Duftkerze
- ☐ der Sänger
- ☐ einfach ein Kacktyp
- ☐ der mit Nachspielzeit
- ☐ ....

Klo-Weisheit

Angeblich verbringen wir durchschnittlich bis zu 3 Jahre unseres Lebens auf der Toilette.

Platz für deine Weisheiten, Witze, Zeichnungen oder alles, was die Nachwelt unbedingt wissen muss:

Abpfiff

Alles hat ein Ende,
nur die Wurst hat zwei.

Abpfiff

Jedes Spiel endet irgendwann. Der Abpfiff ist da und der Abwisch hoffentlich auch erledigt.

Dann bleibt nur noch eins: Ein kleines Geschenk für die Nachwelt. Denn jeder Mensch sollte ein Kunstwerk hinterlassen. Und du hinterlässt eins auf der Toilette. Nein, nicht so ein Geschenk. Also spül bitte nach...

Den wahren Charakter eines Menschen erkennt man bekanntlich daran, wie er sich verhält, wenn das Klopapier leer ist. Und das gilt es natürlich zu vermeiden. Beglücke deine Nachwelt daher nicht nur mit Klopapier, sondern gleich mit dekoriertem Klopapier.

Drücke mit dem Origami-Herz deine Liebe aus, hilf mit dem Origami-Blatt bei der Dekoration oder kündige mit einem Origami-Bötchen ganz subtil eine Reise an. Vielleicht zum nächsten Fußballspiel.

Und falls du jetzt denkst, Origami sei nichts für dich, dann fang ganz einfach an mit dem wohl leichtesten Origami der Welt.

> Nimm ein Stück Klopapier.
> Knüll es zusammen.
> Fertig, Fußball.

Spaß beiseite.
Viel Freude beim Klorigami.

Das Klopapier-Herz

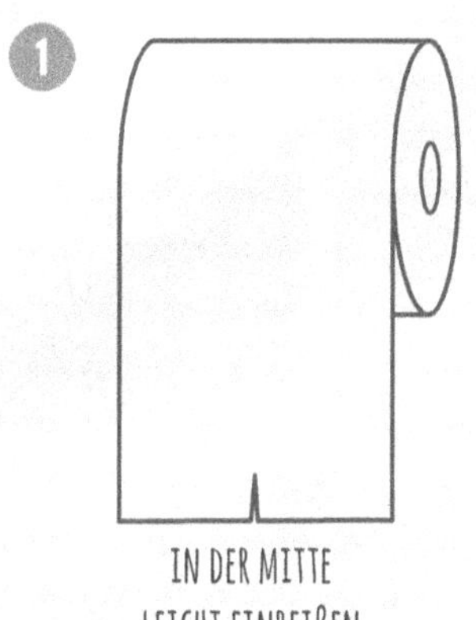

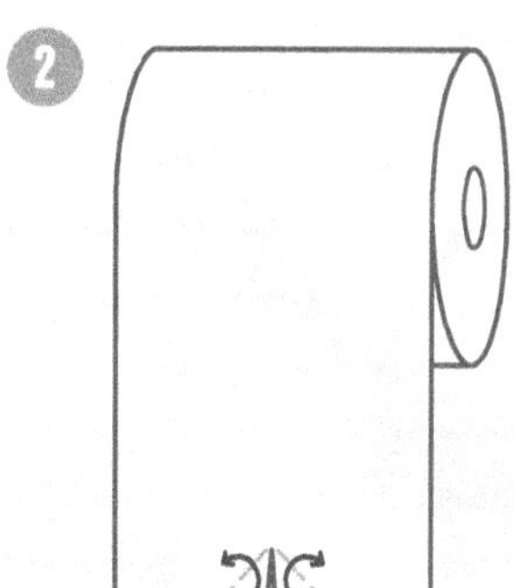

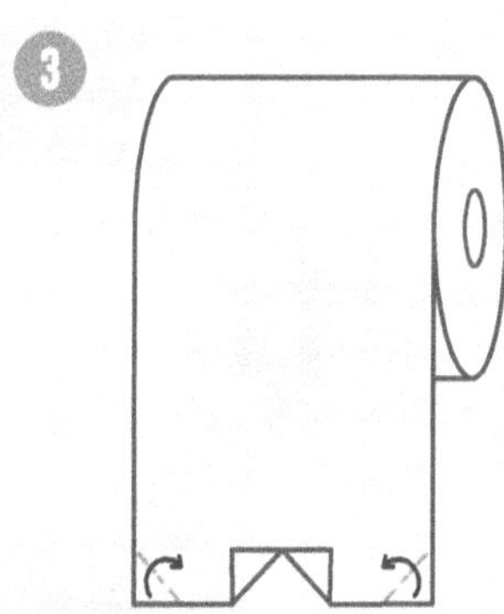

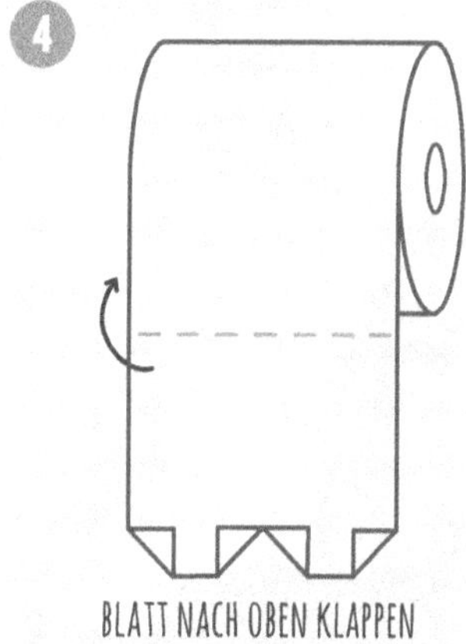

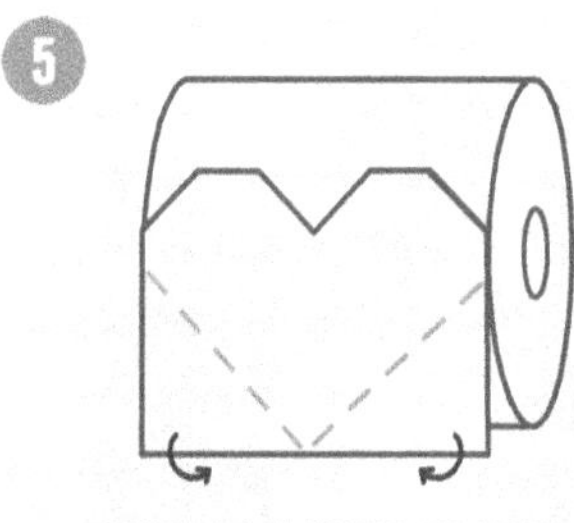

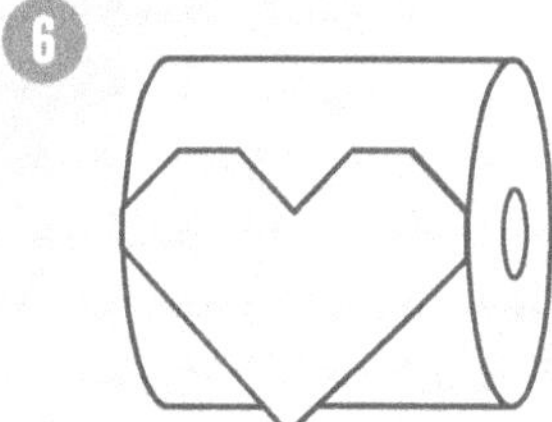

Die Klopapier-Dekoration

1

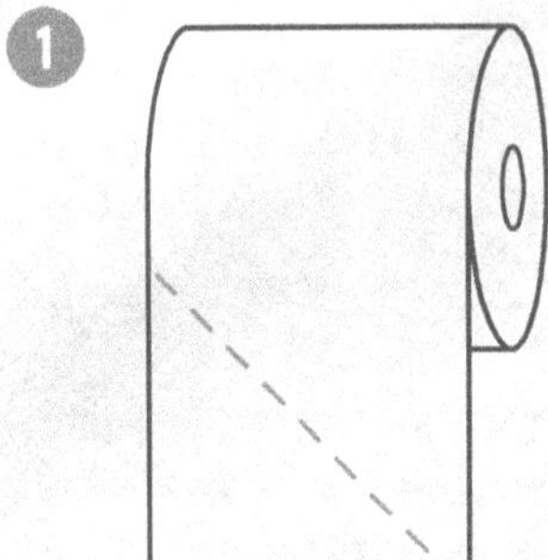

2

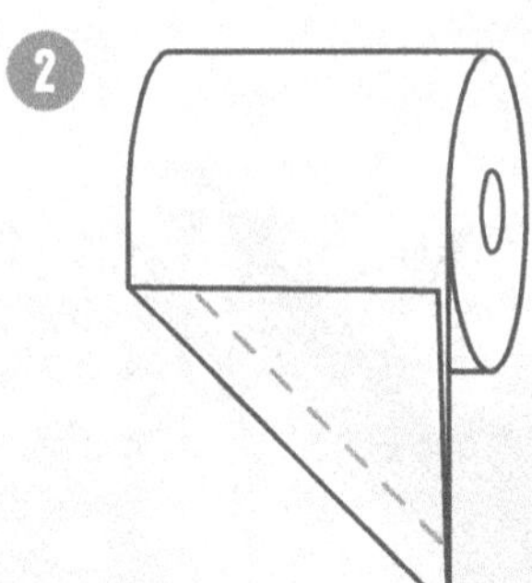

3

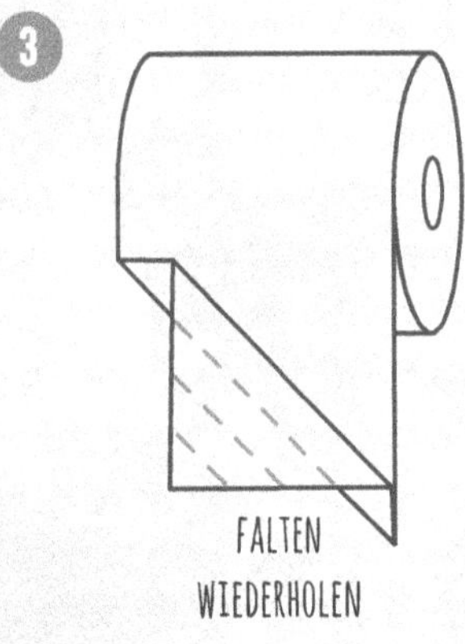

4

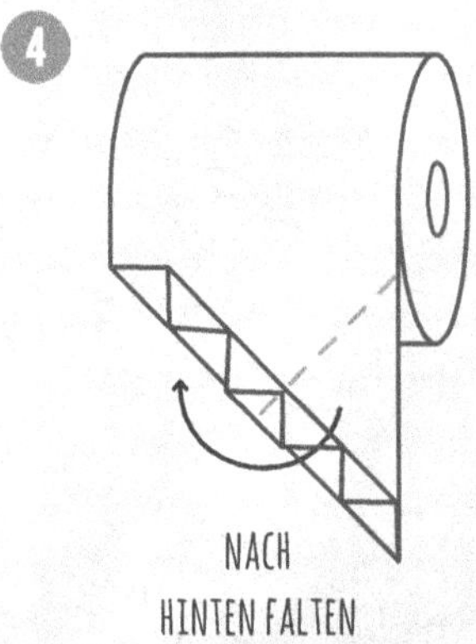

5

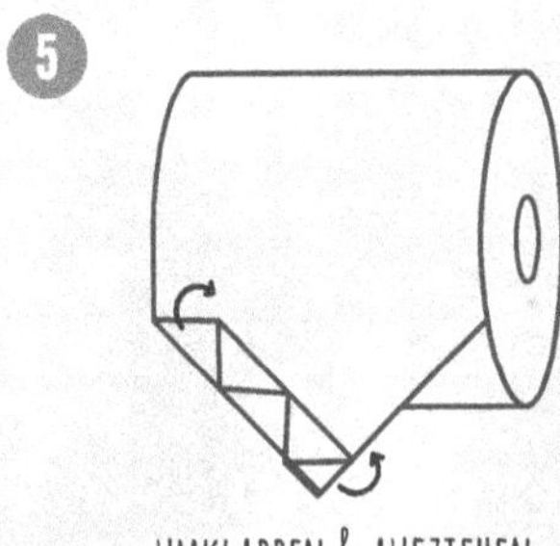

6

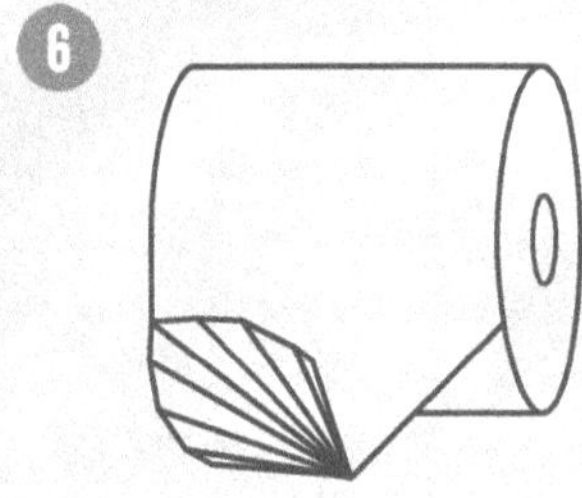

Das Klopapier-Schiff

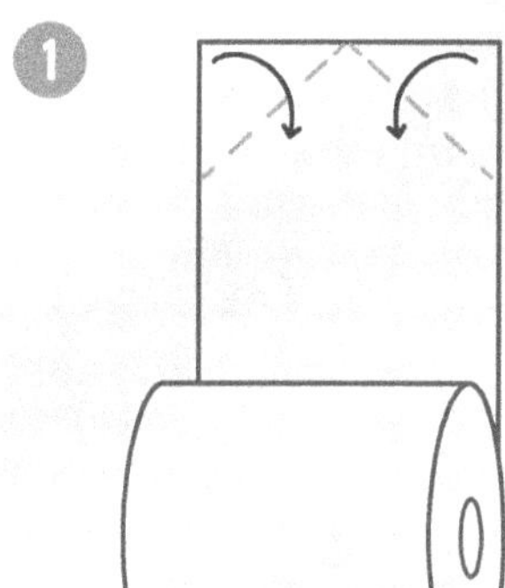

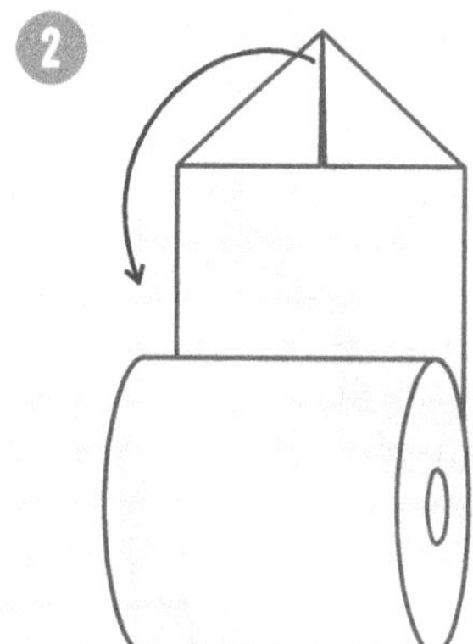

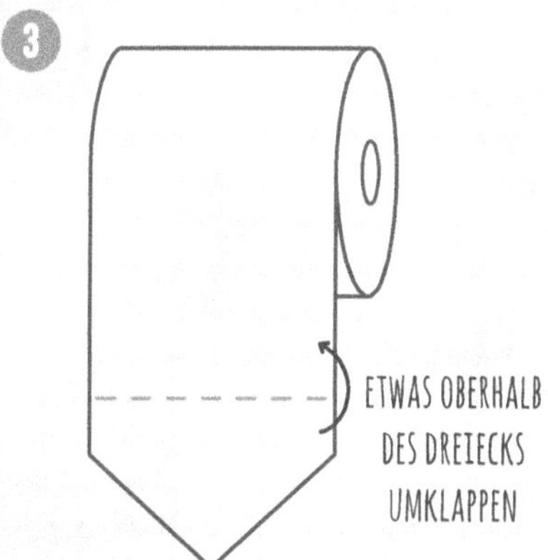

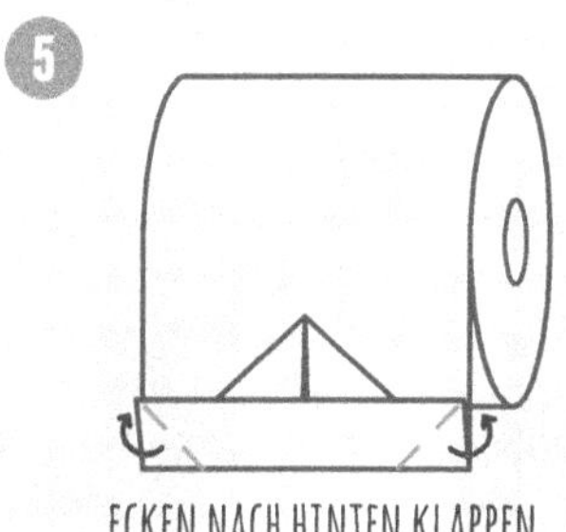

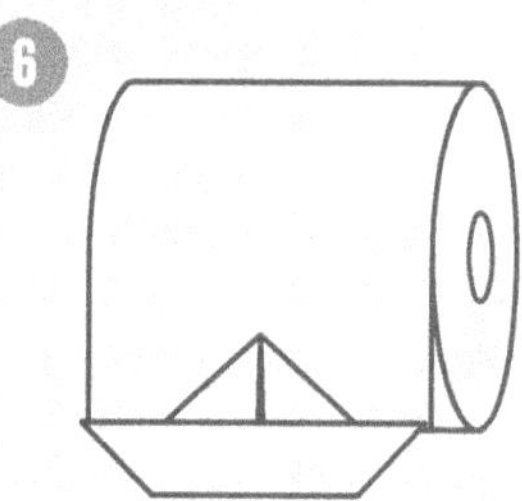

Quellenverzeichnis

1 Sport1: DFB-Team – das peinlichste Länderspiel aller Zeiten: Zuschauer kamen zum Einsatz, 05.05.2020
sport1.de

2 Roker Report: On this day – 1 September 1894: It's a game of three halves as Sunderland trounce Derby County, 01.09.2021
rokerreport.sbnation.com

3 Aston Villa FC: Chris Nicholl – Nachruf, 25.02.2024
avfc.co.uk

4 The Athletic (New York Times): Barbados vs. Grenada – deliberate own goal in one of football's strangest matches, 09.07.2023
nytimes.com

5 Times of India: 149 own goals in one match – the most bizarre football game ever, abgerufen am 01.02.2026
timesofindia.indiatimes.com

6 Times of Israel: Israeli teams set soccer record with 56-kick shootout, abgerufen am 01.02.2026
timesofisrael.com

7 The Guardian: World Cup 2010 – Sepp Blatter und Technologie im Fußball, 29.06.2010
theguardian.com

8 Sport1: Schiedsrichter-Chaos beim Afrika-Cup – zu früher Abpfiff bei Mali vs. Tunesien, abgerufen am 01.02.2026
sport1.de

9 The Guardian: World Cup 2006 – France's dramatic last-minute penalty shootout and officiating controversy, 23.06.2006
theguardian.com

10 BBC News: Welsh club record win, 06.03.2010
bbc.co.uk

11 The Guardian: Spain referee José Manuel Barroso-Escudero abandons match after red card confusion, 07.01.2009
theguardian.com

12 GQ: Swedish soccer player farts on a referee, gets thrown out of the game, 23.06.2016
gq.com

13 The Guardian: Red-card mist descends in Spain – 19 times, 06.01.2009
theguardian.com

14 The Guardian: The Knowledge – strangest objects thrown onto a football pitch, 07.08.2024
theguardian.com

15 Rosar, U.; Hagenah, J.; Klein, M.: Physische Attraktivität und individuelles Leistungsverhalten, 2010

16 The Sun: Ronaldo, Messi, Bale and their bizarre superstitions including sitting in same bus seat and drinking port, 25.11.2022
thesun.co.uk

17 UEFA.com: Friday 13 special – European football superstitions, abgerufen am 01.02.2026
uefa.com

18 UEFA.com: Friday 13 special – European football superstitions, abgerufen am 01.02.2026
uefa.com

19 Brack.ch Blog: Fussballstars und ihr Aberglaube, Juli 2025, abgerufen am 01.02.2026
brack.ch

20 Brack.ch Blog: Fussballstars und ihr Aberglaube, Juli 2025, abgerufen am 01.02.2026
brack.ch

21 neueLandschaft.de: Artikel über Fußballthemen (kein eindeutiges Datum auf der Seite ersichtlich), abgerufen am 01.02.2026
neuelandschaft.de

22 Latina-Press: Das höchstgelegene Stadion der Welt befindet sich in Peru, abgerufen am 01.02.2026
latina-press.com

23 BBC Sport: Football – Olivier Giroud's remarkable goal record and career milestones, 04.10.2019
bbc.com/sport/football

24 BarcaBlaugranes.com: Luis Suárez signs for FC Barcelona (five-year contract), 11.07.2014
barcablaugranes.com

25 Sport1: La Liga – Betis vs. Sevilla: Ex-Profi Rafael van der Vaart hatte wohl kuriose Millionen-Klausel, abgerufen am 01.02.2026
sport1.de

26 International Business Times UK: Tottenham Hotspur calm Hugo Lloris contract rumours following £4000 losing bonus claims, 26.12.2016
ibtimes.co.uk

27 Goal.com: Stefan Schwarz – Weltall-Spaceman-Klausel bei Sunderland, abgerufen am 01.02.2026
goal.com

28 The Sun: Ronaldinho clause in Flamengo contract sparks discussion, abgerufen am 01.02.2026
thesun.co.uk

29 WELT: Wenn die Null steht, abgerufen am 01.02.2026
welt.de

30 https://www.theguardian.com/football/2010/aug/11/footballers-transfer-listed-sacked-fat

31 The Guardian: Footballers transfer-listed or sacked after falling out of favour, 11.08.2010
theguardian.com

32 stern.de: WM-Prämien-Poker – Rekordsumme statt VW-Käfer, abgerufen am 01.02.2026
stern.de

33 Der Spiegel: WM 2014 in Brasilien – Das Freistoß-Spray der Schiedsrichter, abgerufen am 01.02.2026
spiegel.de

34 Allianz-Arena.com: Allgemeine Informationen – Fakten & Historie der Arena, abgerufen am 01.02.2026
allianz-arena.com

35 DFB.de: Modus des DFB-Pokals, abgerufen am 01.02.2026
dfb.de

36 Fussball-Kultur.org: Fussballspruch des Jahres – Hall of Fame des Fussball-Kulturpreises, abgerufen am 01.02.2026
fussball-kultur.org

37 Süddeutsche Zeitung: Paul Breitner wird 60 – „Bei mir lief's ganz flüssig", abgerufen am 01.02.2026
sueddeutsche.de

38 Der Spiegel: Mehmet Scholls beste Sprüche als TV-Experte und Spieler – Fotostrecke, abgerufen am 01.02.2026
spiegel.de

Dieses Buch wurde in Übereinstimmung mit den GPSR-Richtlinien der EU zur Sicherheit von Produkten erstellt.

Die Verordnung über die allgemeine Produktsicherheit ist der aktualisierte Rahmen der Europäischen Union, um sicherzustellen, dass alle Verbraucherprodukte, einschließlich Bücher, für Verbraucher sicher sind.

Dieses Buch wurde von CPI books GmbH gedruckt. Der Drucker hat Sicherheitszertifikate für die verwendeten Materialien wie Tinte, Papier und Kleber ausgestellt.

Die Produktkennung ist: 9781972027004

Der Autor ist für den Inhalt des Buches verantwortlich und hat das Buch von Bookmundo produzieren lassen.

Sollten Sie Fragen zur Sicherheit des Produkts haben, kontaktieren Sie uns bitte.

Bookmundo
Delftsestraat 33
3013AE Rotterdam
Die Niederlande
info@bookmundo.com

Zeitfracht Medien GmbH
Ferdinand-Jühlke-Straße 7
99095 Erfurt, Deutschland
produktsicherheit@kolibri360.de